ATTAQUE ET DÉFENSE DU VILLAGE D'ALLHEREIM (1645)

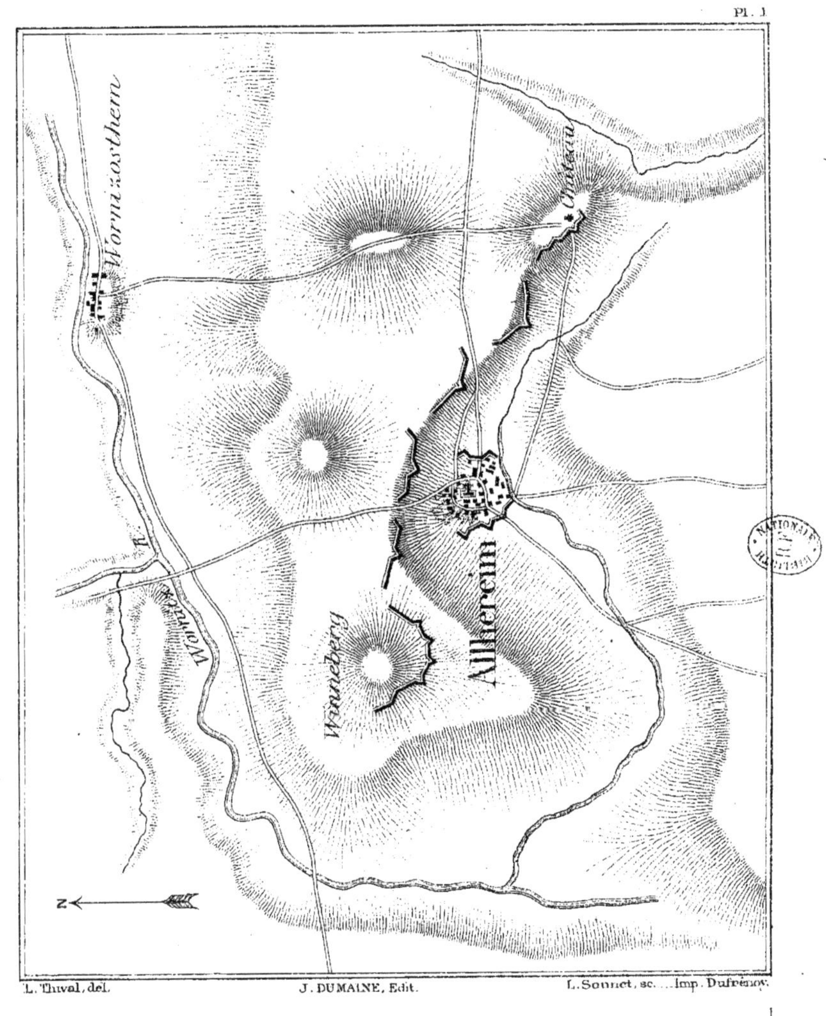

L. Thival, del. J. DUMAINE, Edit. L. Sonnet, sc. ... Imp. Dufrénoy.

ATTAQUE ET DÉFENSE DES VILLAGES A LA BATAILLE DE NEERWINDEN (1693).

Echelle de $\frac{1}{25.000}$

Pl. II

Esemael
Elissem
Overhespen
Neer Heylissem
le petite
Geette
Gutzenhoven
Wanghe
Laer
Neerhespen
N
Neerwinden
Dormael
Halle
Racour
Oberwinden
Neerlanden
Ramsdorp
Attenhoffen
Landen

L. Thival, del.   J. DUMAINE Edit.   L. Sonnet, sc. Imp. Dufrénoy.

ATTAQUE ET DÉFENSE DU VILLAGE DE FONTENOY (1745).

Echelle de $\frac{1}{40.000}$

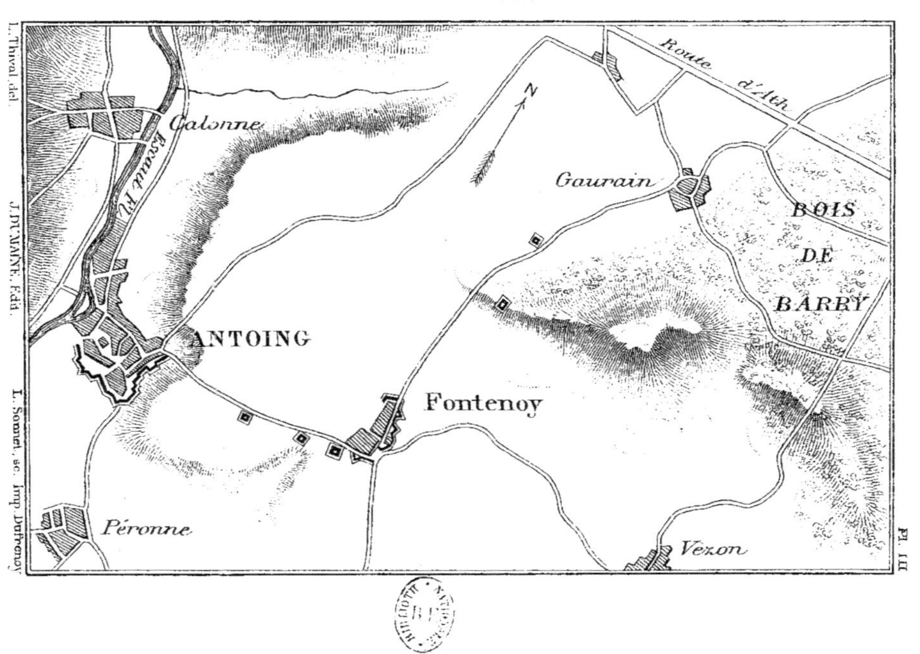

ATTAQUE ET DÉFENSE DES VILLAGES A LA BATAILLE DE KOLIN (1757).

Echelle de $\frac{1}{25.000}$

Pl. IV

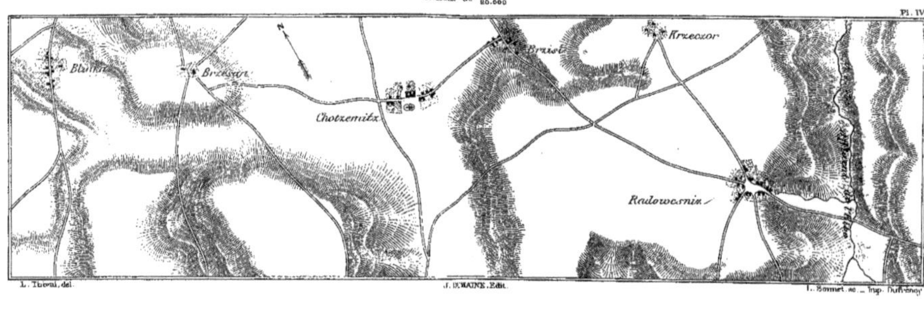

L. Thuval, del. J. DUMAINE, Edit. L. Sonnet, sc. — Imp. Dufrénoy

ATTAQUE ET DÉFENSE DES VILLAGES A LA BATAILLE DE BRESLAU (1757).

Echelle de $\frac{1}{40.000}$

Pl. V.

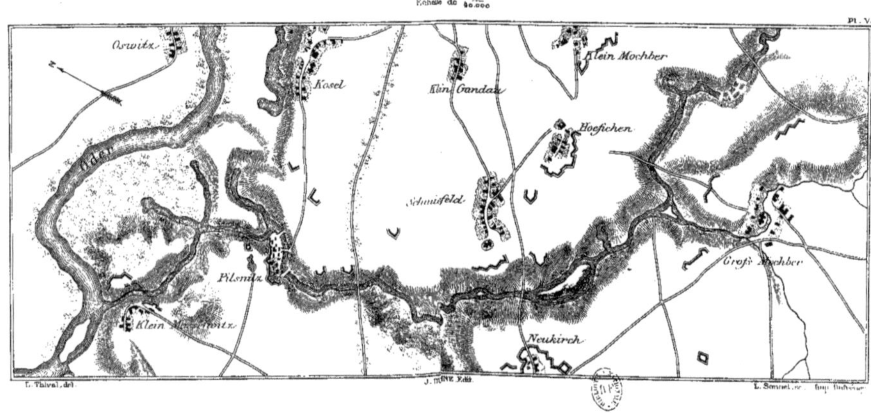

L. Thuval, del. J. DUMAINE, Edit. L. Sonnet, sc. — Imp. Dufrénoy

Pl. VI

ATTAQUE ET DÉFENSE DES VILLAGES A LA BATAILLE DE JEMMAPES (1792).

Echelle de $\frac{1}{250}$

Jemmapes
Rte de Valenciennes
la Trouille
N
Cuesmes
Quaregnon

L. Thuval, del. — J. DUMAINE, Edit. — L. Sonnet, sc. Imp. Dufrénoy

Pl. VII.

ATTAQUE ET DÉFENSE DU VILLAGE D'HOHENLINDEN (1800).

Echelle de $\frac{1}{40.000}$

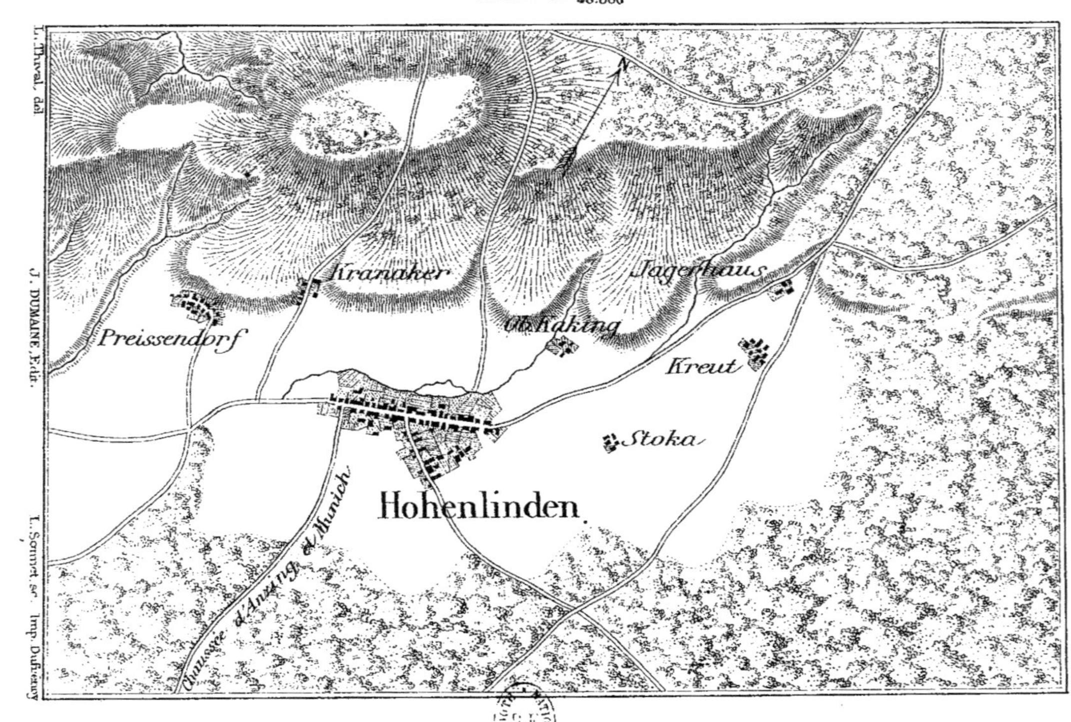

L. Thival, del. J. DUMAINE, Edit. L. Sonnet, sc. Imp. Dufrénoy

ATTAQUE ET DÉFENSE DES VILLAGES A LA BATAILLE D'EYLAU (1807).

Pl. VIII

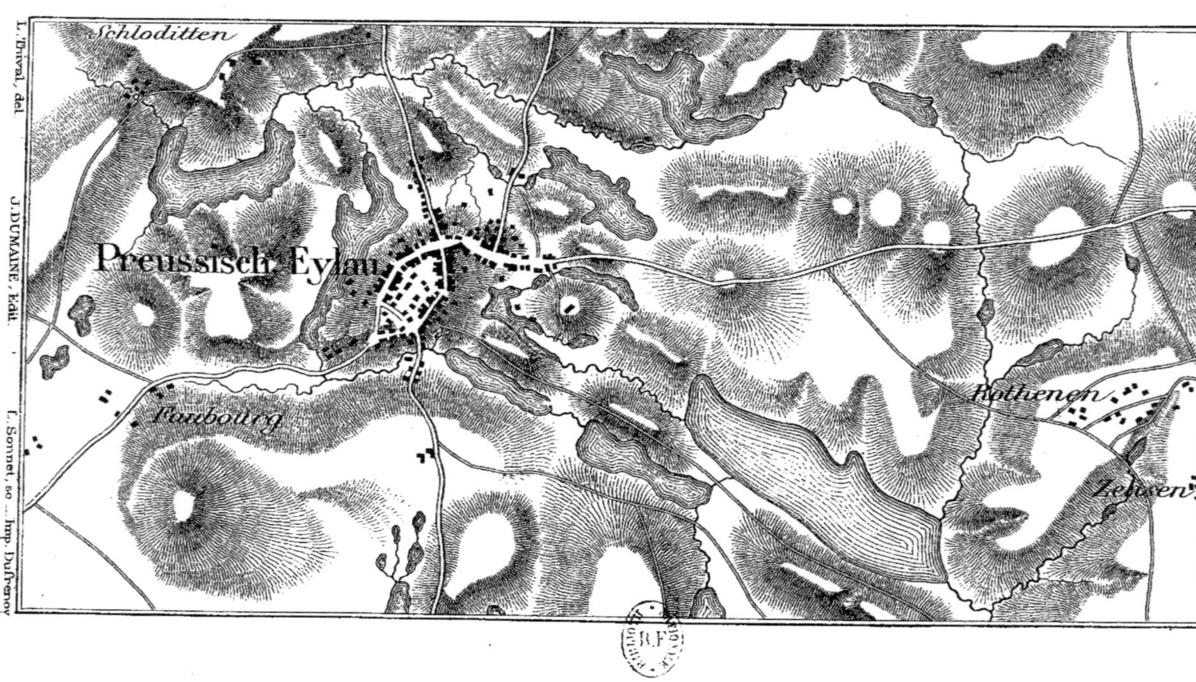

L. Thival, del. J. DUMAINE, Edit. L. Sonnet, sc.... Imp. Dufrenoy

ATTAQUE ET DÉFENSE DES VILLAGES DE S^T AMAND ET LIGNY, BATAILLE DE LIGNY (1815).
Échelle de 0,01 pour 200 mètres

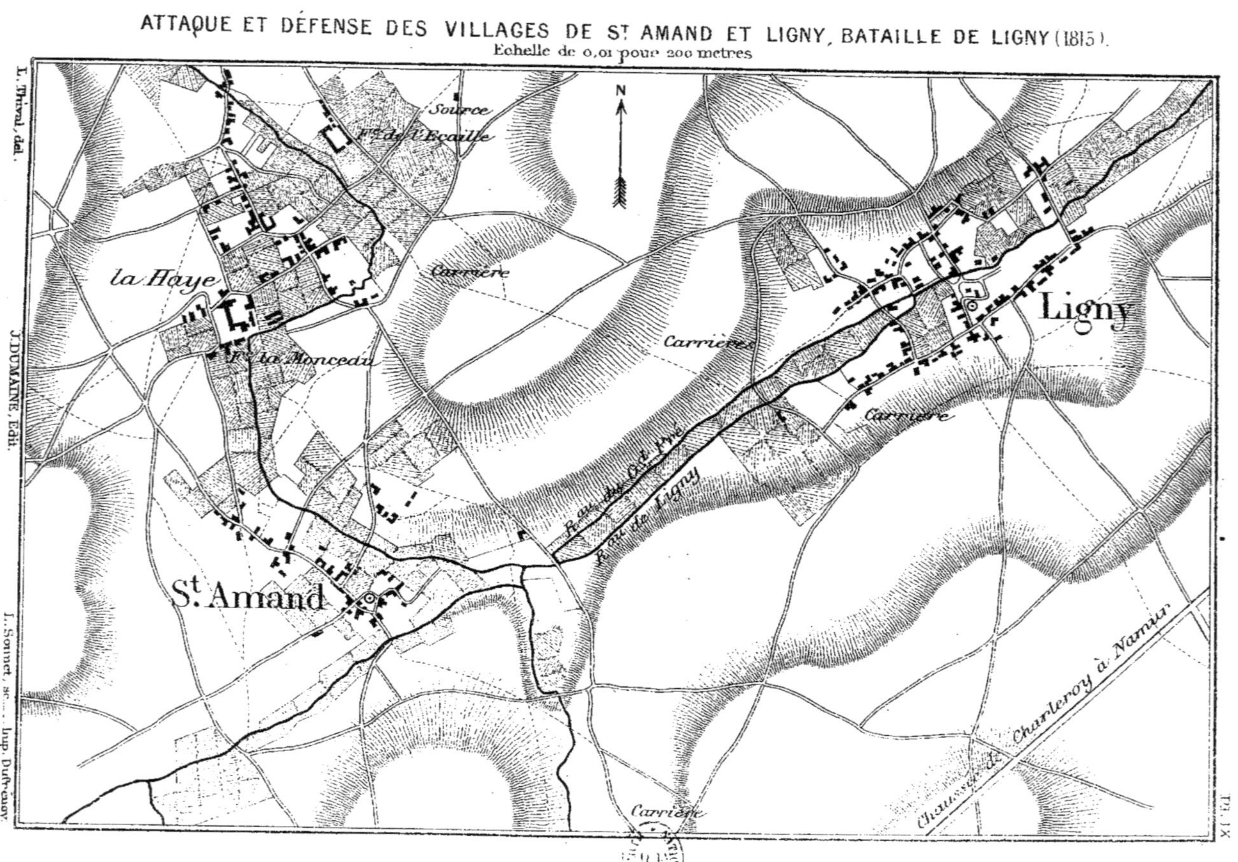

L. Thival, del. J. DUMAINE, Édit. L. Sonnet, sc. Imp. Dufrénoy.

ATTAQUE ET DÉFENSE DU CHATEAU DE GOUMONT
ET DE LA FERME DE LA HAYE SAINTE (BATAILLE DE WATERLOO, 1815).

Echelle de 0,01 pour 200 mètres $\frac{1}{20.000}$

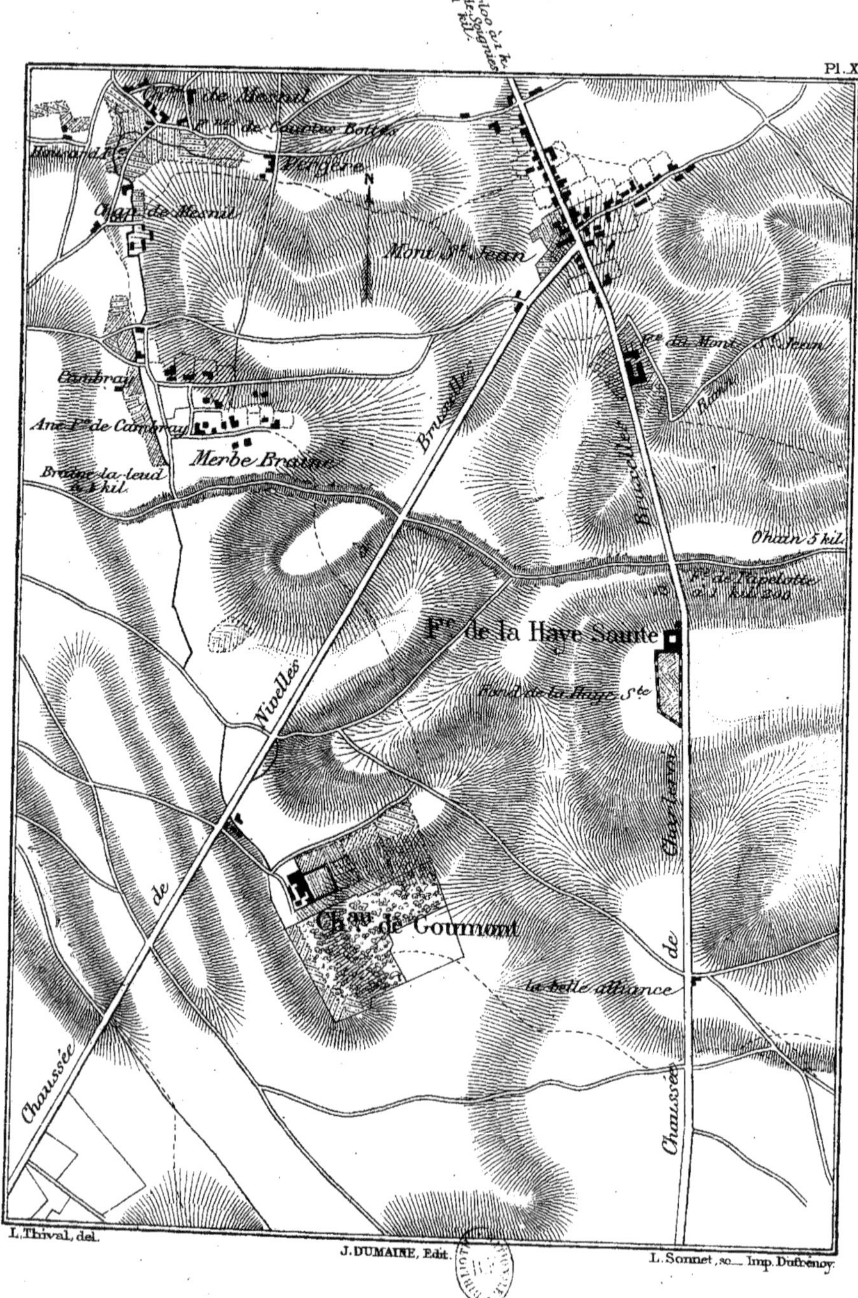

L. Thrival, del.

J. DUMAINE, Edit.

L. Sonnet, sc. — Imp. Dufrénoy.

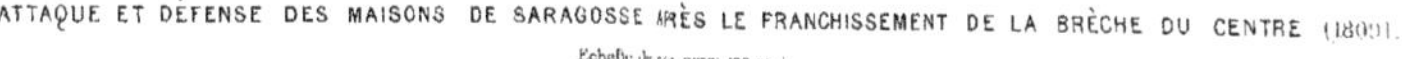
ATTAQUE ET DÉFENSE DES MAISONS DE SARAGOSSE APRÈS LE FRANCHISSEMENT DE LA BRÈCHE DU CENTRE (1809).

S. Andres
Croix del Cosso
Hôpital Général
Sta Catalina
S. Rosa
Del Calzas de S. Joseph
Tour del Pino
Jardin de Ste Engracia
Jardin Botanique
LÉGENDE.
Pâté de maisons
Maisons enlevées successivement par les Français
Fourneaux de mines
Les chiffres indiquent la marche jour par jour des assaillants à partir du 29e jour qui est celui où l'attaque a franchi l'enceinte.
L. Thival, del.

ATTAQUE ET DÉFENSE DU FAUBO[illegible] DE SARAGOSSE (RIVE GAUCHE) (1809).

Echelle de 2 pour 100 m.

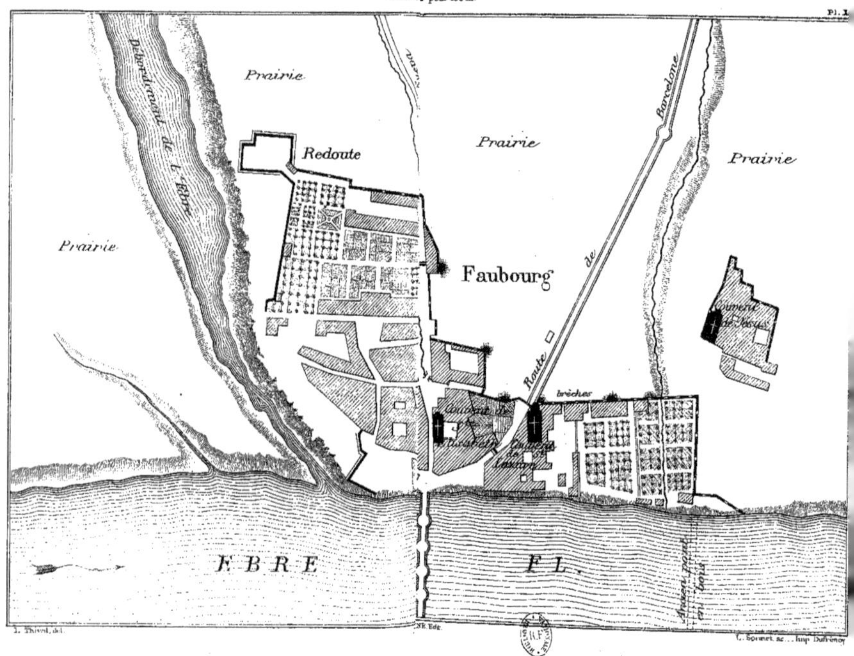

Pl. XIII.

ATTAQUE ET DÉFENSE DU COUVENT DE St FRANÇOIS (SIÈGE DE CIUDAD RODRIGO 1810).

Echelle de 0m,022 pour 100 m.

N

Maison des enfants trouvés

Couvent de St François

Palissade

Place

Ruisseau

L. Thival, del. J. DUMAINE, Edit. L. Sonnet, sc. Imp. Dufrénoy.

Pl. XIV.

ATTAQUE ET DÉFENSE DU COUVENT DE S^{TE} CROIX (SIÈGE DE CIUDAD RODRIGO 1810).

Echelle de $0^m,022$ pour 100m.

L. Thival, del. J. DUMAINE, Edit. L. Sonnet, sc. — Imp. Dufrénoy

PL. XV

ATTAQUE ET DÉFENSE DU COUVENT DE St VINCENT. (1812).

Echelle de $\frac{1}{25.000}$

Porte St Vincent

B^{rie} basse

Fort de St Vincent

Ville

Porte de Mélianos

Tormes

N

L. Thival del. J.DUMAINE Editeur L. Sonnet Sc. Imp. Dufrenoy

3

ATTAQUE ET DÉFENSE DU VILLAGE DE MAZAGRAN. (1840).

Echelle de $\frac{1}{25.000}$

Plateau Sud Superieur

Route superieure de Mostaganen à Mazagran

Route d'Oran

F. de Mazagran

Corps de garde et porte du Sud

Minaret

Légende

Murs crénelés.

L. Thival del. J. DUMAINE Editeur

Pl. XVI.

CROQUIS D'ENSEMBLE DES OASIS ENTOURANT LE VILLAGE DE ZAATCHA.

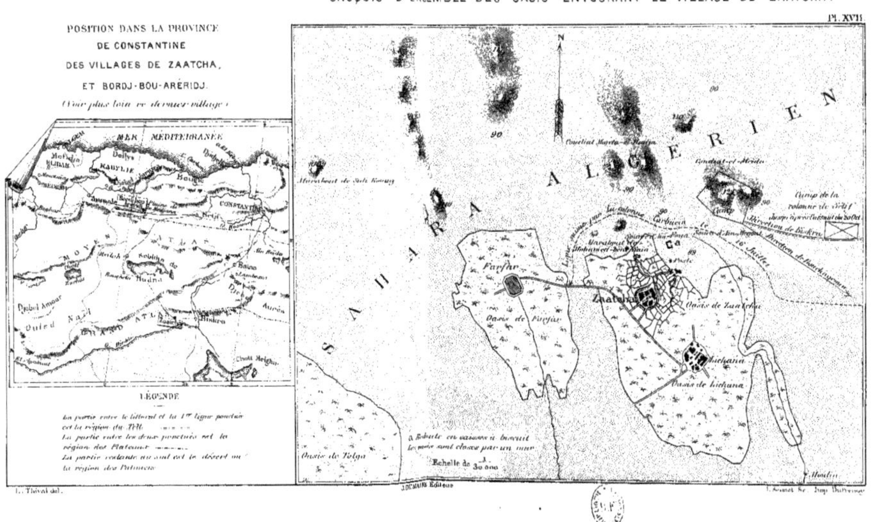

ATTAQUE ET DÉFENSE DU VILLAGE DE ZAATCHA (1849).

Echelle de

Pl. XVIII.

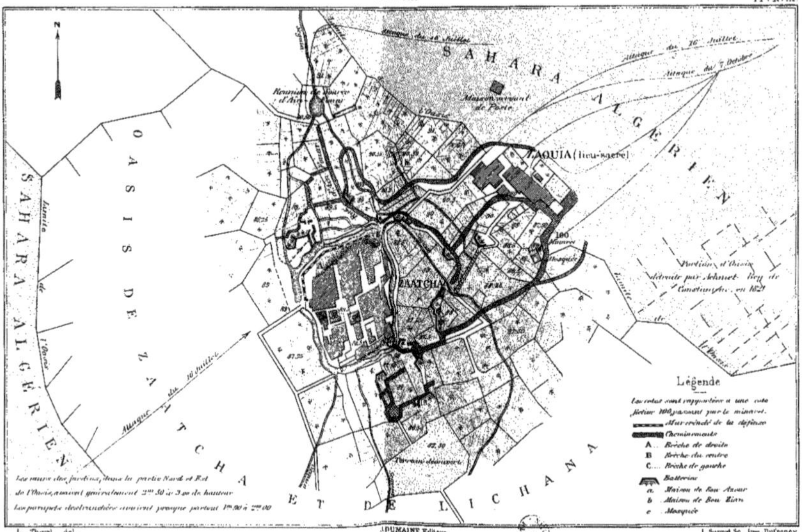

SAHARA ALGÉRIEN

OASIS DE ZAATCHA ET DE LICHANA

ZAATCHA

ZAOUIA (lieu sacré)

Maison servant de Poste

Attaque du 16 Juillet

Attaque du 16 Juillet

Attaque du 7 Octobre

Portion d'Oasis détruite par Ahmet Bey de Constantine, en 1829

Limite de l'Oasis

Légende

Les cotes sont rapportées à une cote fictive 100, passant par le minaret.

Mur crénelé de la défense

Cheminements

A... Brèche de droite

B. Brèche du centre

C.... Brèche de gauche

Batteries

a. Maison de Bou Azzour

b. Maison de Bou Ziane

c. Mosquée

Les murs des jardins, dans la partie Nord et Est de l'Oasis, avaient généralement 2m 50 à 3m 00 de hauteur.

Les parapets des terrasses avaient presque partout 1m 90 à 2m 00

L. Thuvil del.

J. DUMAINE Éditeur.

L. Sonnet Sc. Imp. Dufrenoy

ATTAQUE ET DÉFENSE DU VILLAGE DE BOURLIOUK. (CRIMÉE 1854).

Echelle de $\frac{1}{25.000}$

Pl. XIX

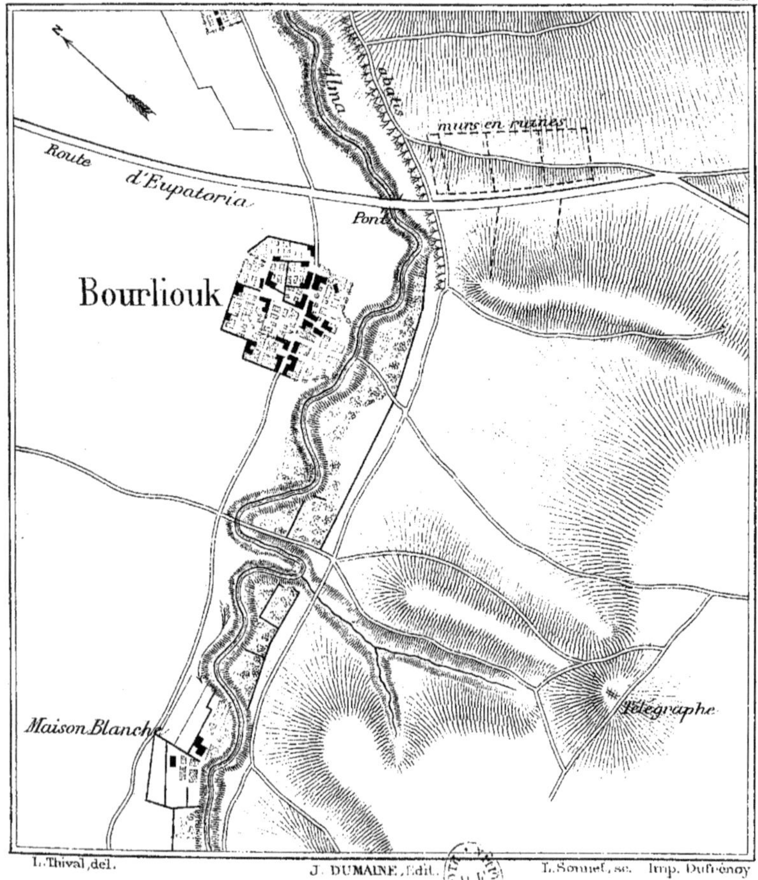

L. Thival, del. J. DUMAINE, Edit. L. Sonnet, sc. Imp. Dufrénoy

ATTAQUE ET DÉFENSE DU VILLAGE DE LEXINGTON. (GUERRE D'AMÉRIQUE) (1861).

Pl. XX

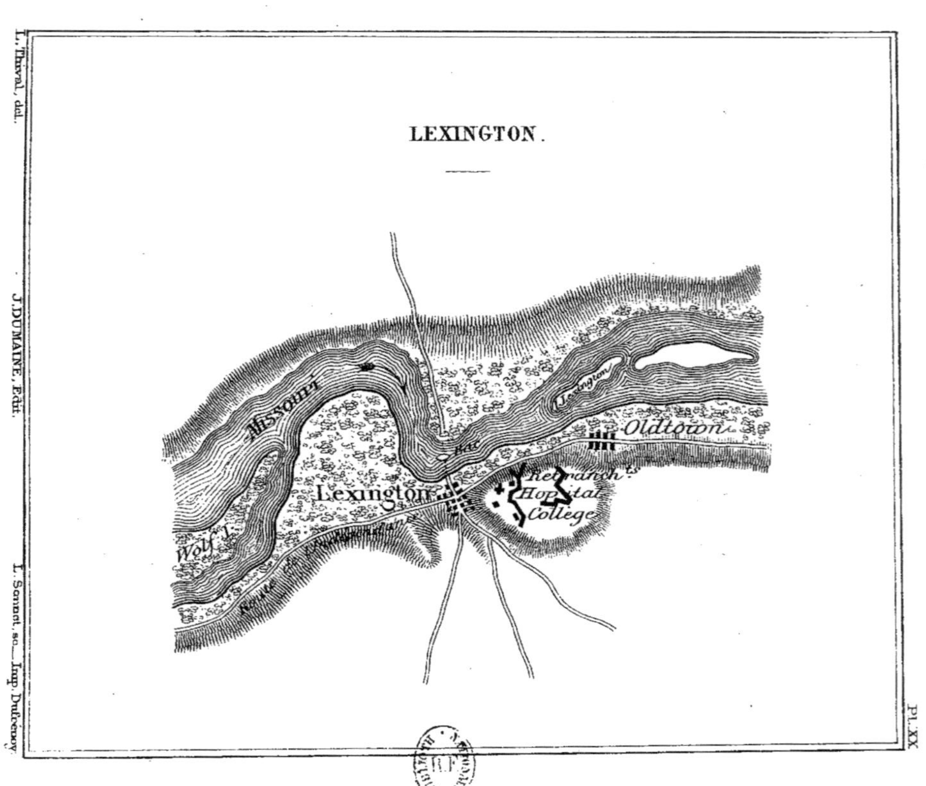

L. Thival, del. — J. DUMAINE, Edit. — L. Sonnet, sc. — Imp. Dufrénoy.

ATTAQUE ET DÉFENSE DU HAMEAU DE BELMONT (GUERRE D'AMÉRIQUE) (1861).

Echelle de $\frac{1}{60.000}$

L. Thival, del. J. DUMAINE, Edit. L. Sonnet, sc. Imp. Dufrénoy

ATTAQUE ET DÉFENSE DES QUADRES DE PUÉBLA
(GUERRE DU MEXIQUE 1862 et 1863)

Echelle au $\frac{1}{40.000}$

Pl. XXII.

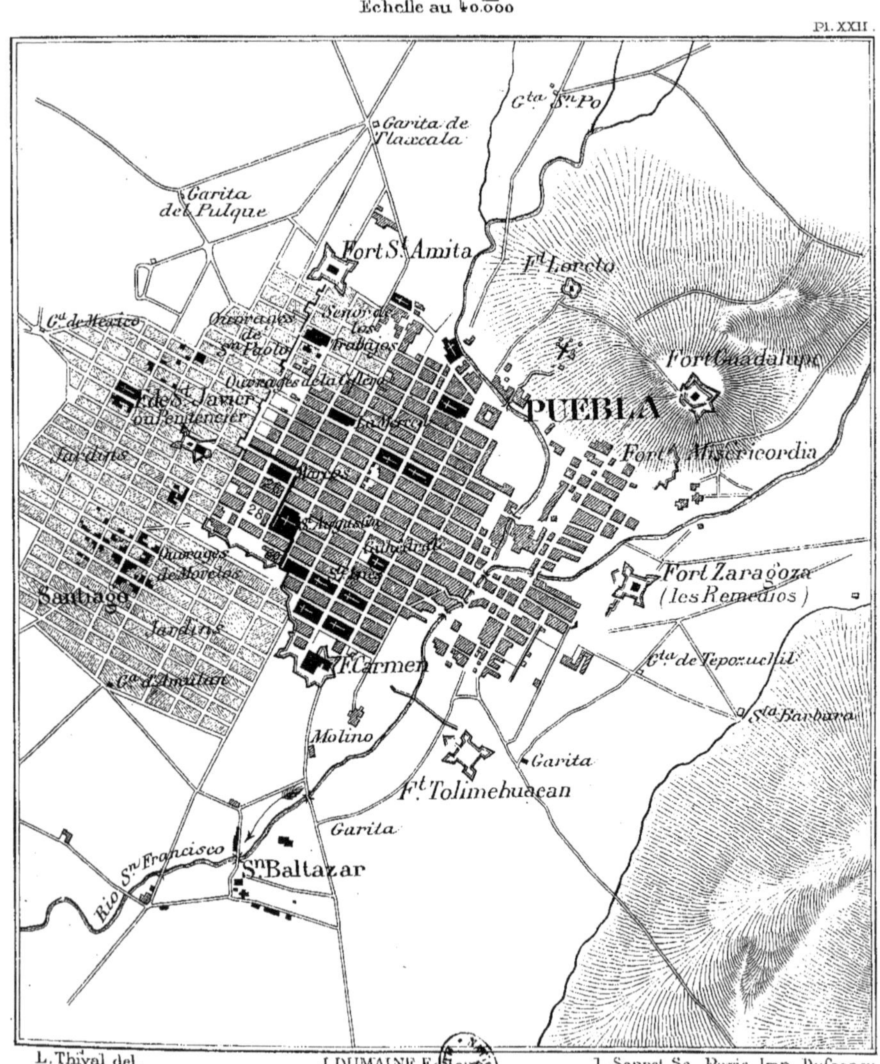

L. Thival del. J. DUMAINE Editeur L. Sonnet Sc. Paris, Imp. Dufrenoy

ATTAQUE ET DÉFENSE D'ORIZABA (GUERRE DU MEXIQUE) (1863).

Echelle au $\frac{1}{40.000}$

Pl. XXIII

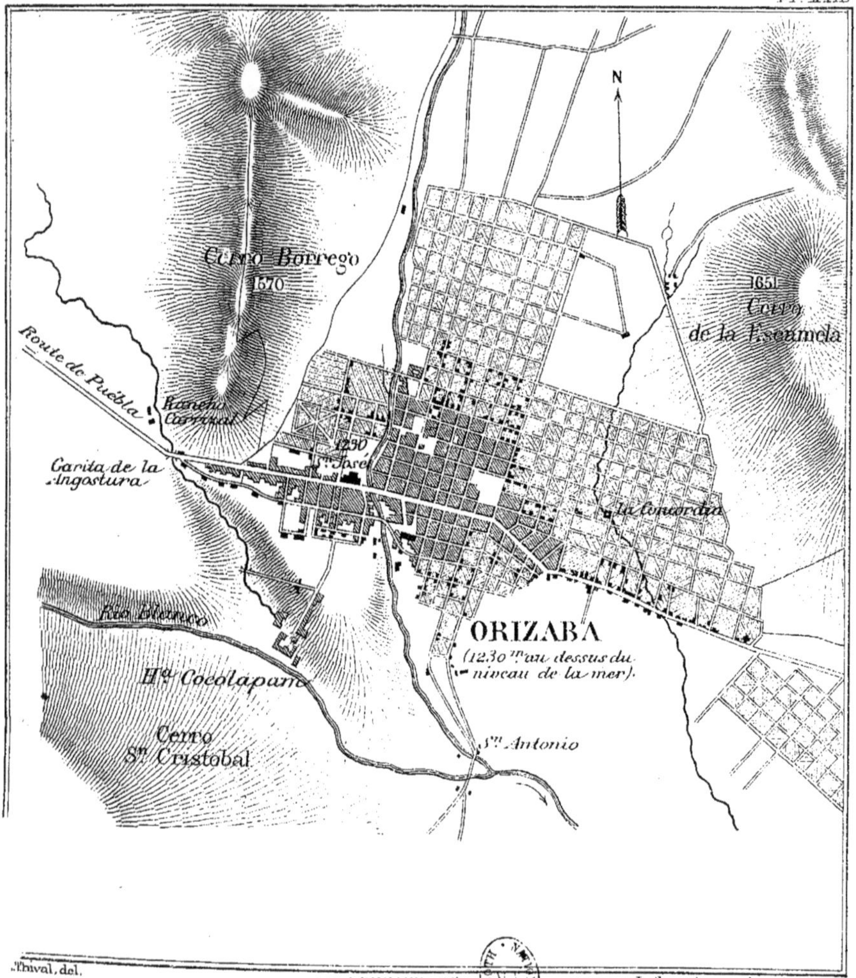

N

Cerro Borrego

1670

Route de Puébla

Rancho Carrizal

Garita de la Angostura

1230

S. José

1651

Cerro de la Escamela

la Concordia

Rio Blanco

Hª Cocolapam

Cerro Sª Cristobal

ORIZABA

(1230 m. au dessus du niveau de la mer).

Sª Antonio

Thival, del.

J. DUMAINE, Edit.

L. Sonnet, sc. — Imp. Dufrénoy.

ATTAQUE ET DÉFENSE DU COUVENT DE SANTA-INÈS (PUÉBLA 1863).

Echelle de $\frac{1}{1.000}$

Pl. XXIV.

DÉTAILS DU QUADRE

DE SANTA-INÈS

(Attaque du 23 Avril 1863)

Quadre N° 52.

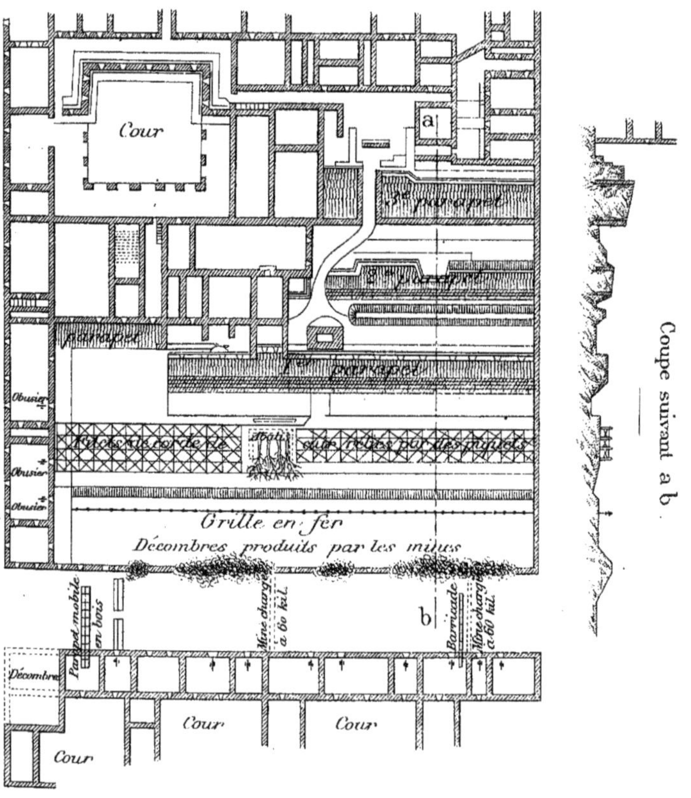

Quadre N° 30.

L. Thival, del. J. DUMAINE, Edit. L. Sonnet, sc. Imp. Dufrénoy.

ATTAQUE ET DÉFENSE DU VILLAGE DE SAN LORENZO. (MEXIQUE 1863).

Echelle au $\frac{1}{40.000}$

Pl. XXV.

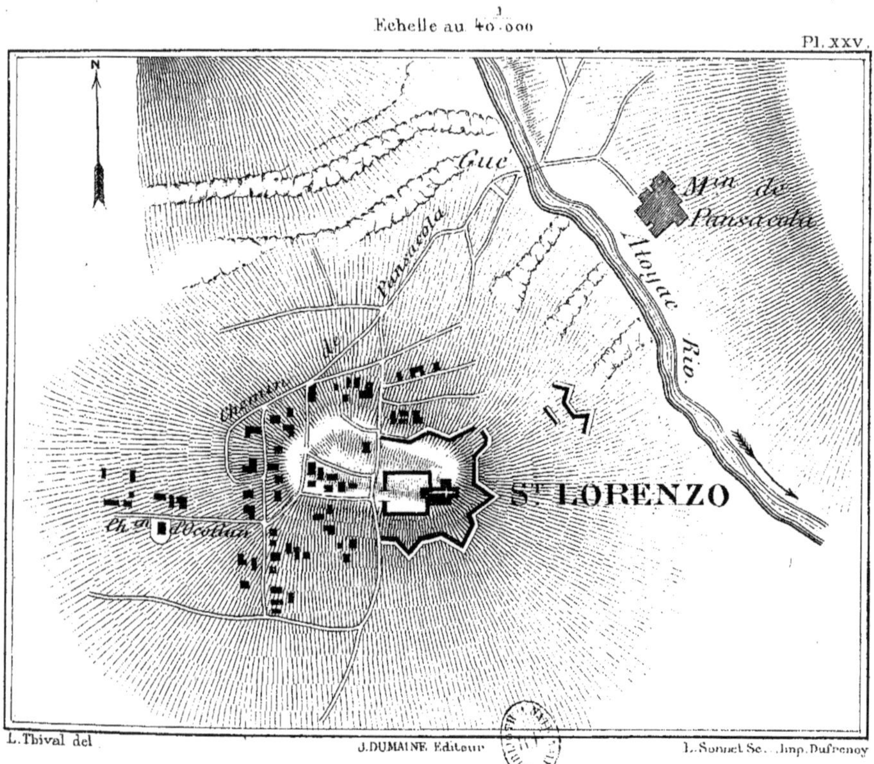

L. Thival del

J. DUMAINE Editeur

L. Sonnet Sc. Imp. Dufrenoy

ATTAQUE ET DÉFENSE D'OAJACA. (MEXIQUE 1865).

Echelle au $\frac{1}{40.000}$

Pl. XXVI.

Cerros Dominante
Garita
Marquesado
Fort de la libertad
Cerro de la Soledad
Fort Zaragoza
Xochimilco
Jalatlaco R.
Garita de Tepéca
Garita
Rio Atoyac
Sn Martino
Soledad
Carmen
Sn Domingo
Jalatlaco
Iscotel
Panteon
Garita
Cathedrale
La Merced
Haciendita
OAJACA
Sn Francisco
Trinidad
Consolacion
Sn Juanito
Gta de l'Espinal
Hda Candiani

L. Thival del.

J. DUMAINE Editeur.

L. Sonnet Sc. Imp. Dufrenoy

ATTAQUE ET DEFENSE D'HUMAITA. (GUERRE DU PARAGUAY 1866)

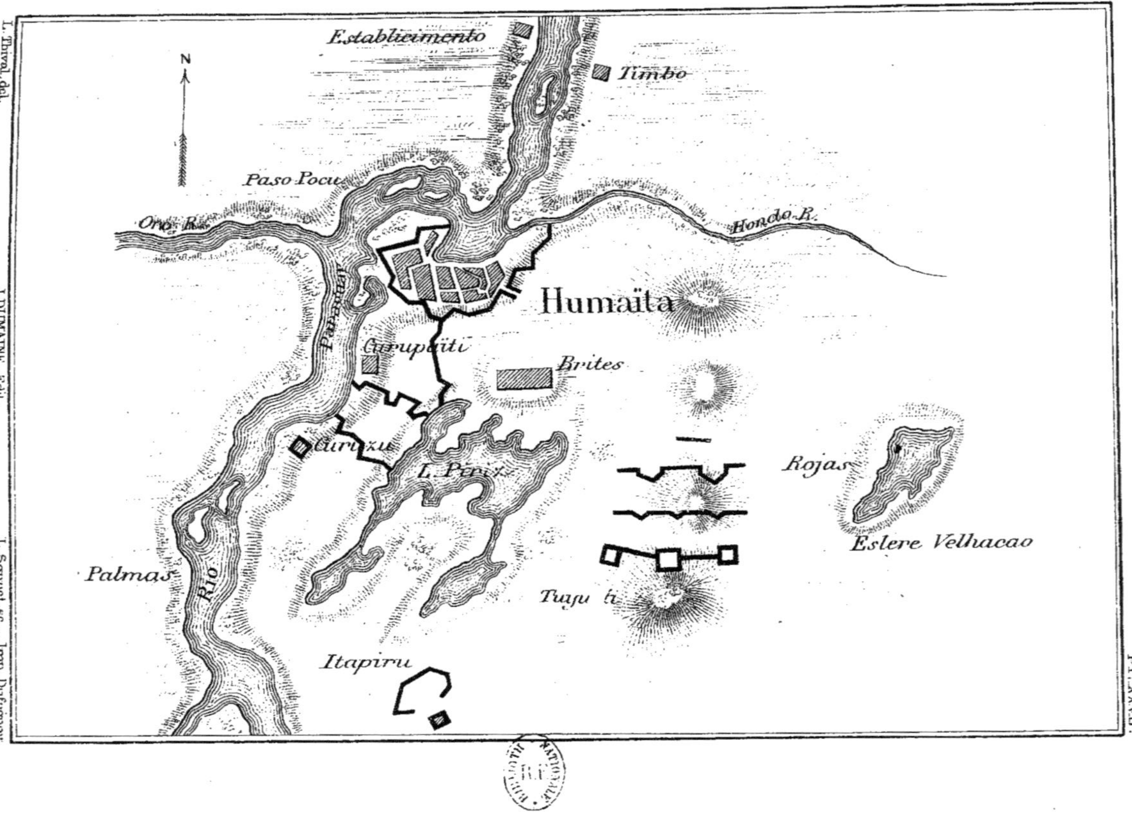

L. Thival, del. J. DUMAINE, Edit. L. Sonnet, sc. — Imp. Dufrénoy.

ATTAQUE ET DÉFENSE DE VILLETA ET ANGOSTURA. (GUERRE DU PARAGUAY 1866).

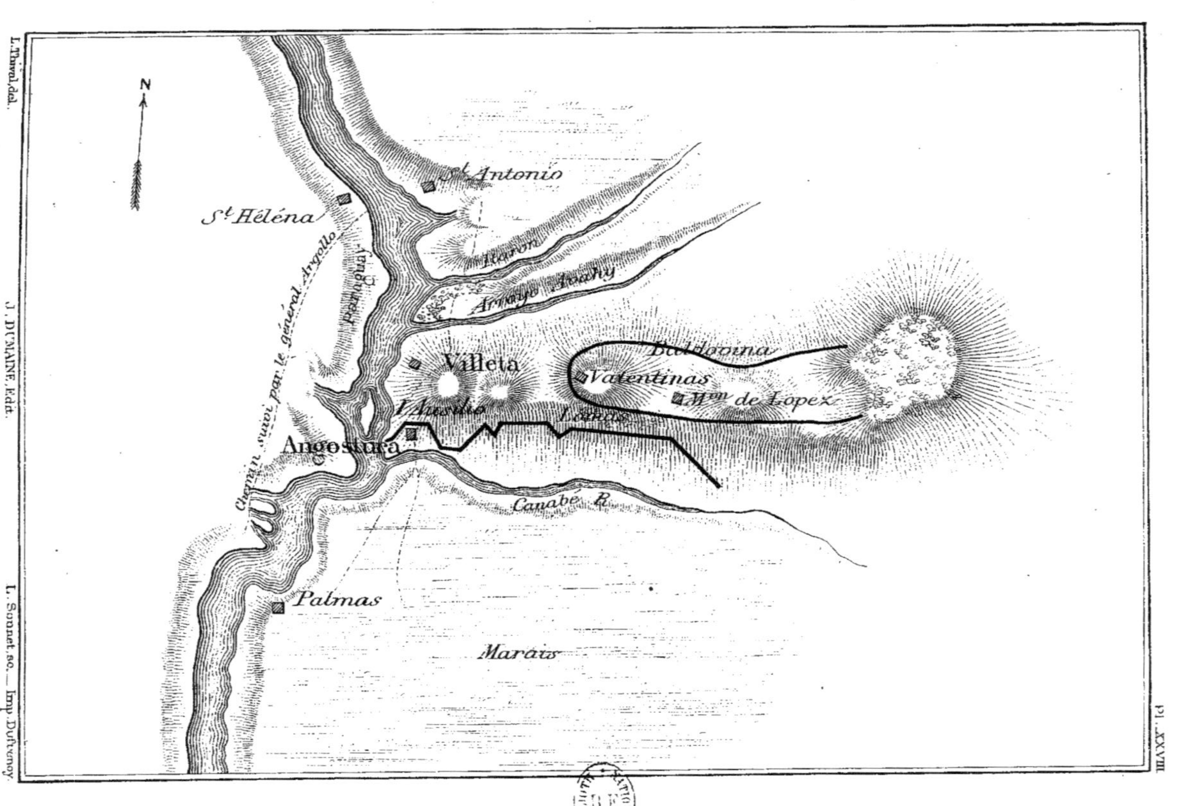

L. Thival, del. J. DUMAINE, Edit. L. Sonnet, sc. — Imp. Dufrenoy.

ATTAQUE ET DÉFENSE DU VILLAGE DE BORDJ-BOU-ARRÉRIDJ.
(ALGÉRIE) INSURRECTION DE 1871.

Echelle de $\frac{1}{600}$

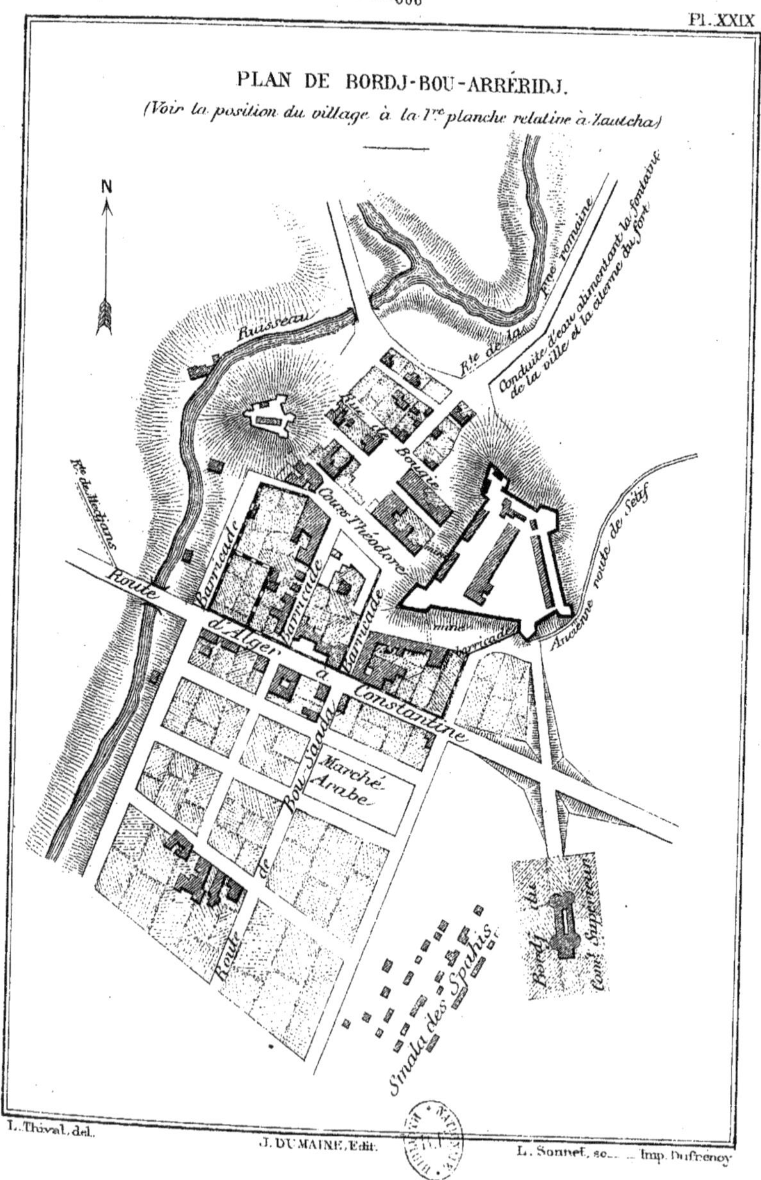

ATTAQUE ET DÉFENSE DE KRATON (GUERRE DE SUMATRA 1873).

Echelle de $\frac{1}{20.000}$

Pl. XXX.

Légende.
Défense
Attaque
Abatis
Rizières
Canne à sucre

Quartier Général
Pont de Chevalets
Bivouac Pennayjoene
Campemt du corps Expéditre
Broussailles
Atchin Rio
Broussailles
Batterie de brèches
Kendang poth Djemolon
Missigrit
Pakan Atdjun
Polim
Kotla Koeheran
KRATON
Marais
Kotla Potjeet
Kotla Goegan
N

L. Thiral, del.
J. DUMAINE, Edit.
L. Sonnet. sc. — Imp. Dufrenoy.

ATTAQUE ET DÉFENSE DU VILLAGE DE [illegible]

Pl. XXXI.

ATTAQUE ET DÉFENSE DU VILLAGE DE MONTEBELLO (GUERRE D'ITALIE 1859).

Echelle de $\frac{1}{40.000}$

L. Thival, del. — J. DUMAINE, Edit. — L. Sonnet, sc. — Imp. Dufrenoy.

Pl. XXXII.

ATTAQUE ET DÉFENSE DU VILLAGE DE PALESTRO. (GUERRE D'ITALIE (1859).)

Echelle de $\frac{1}{50.000}$

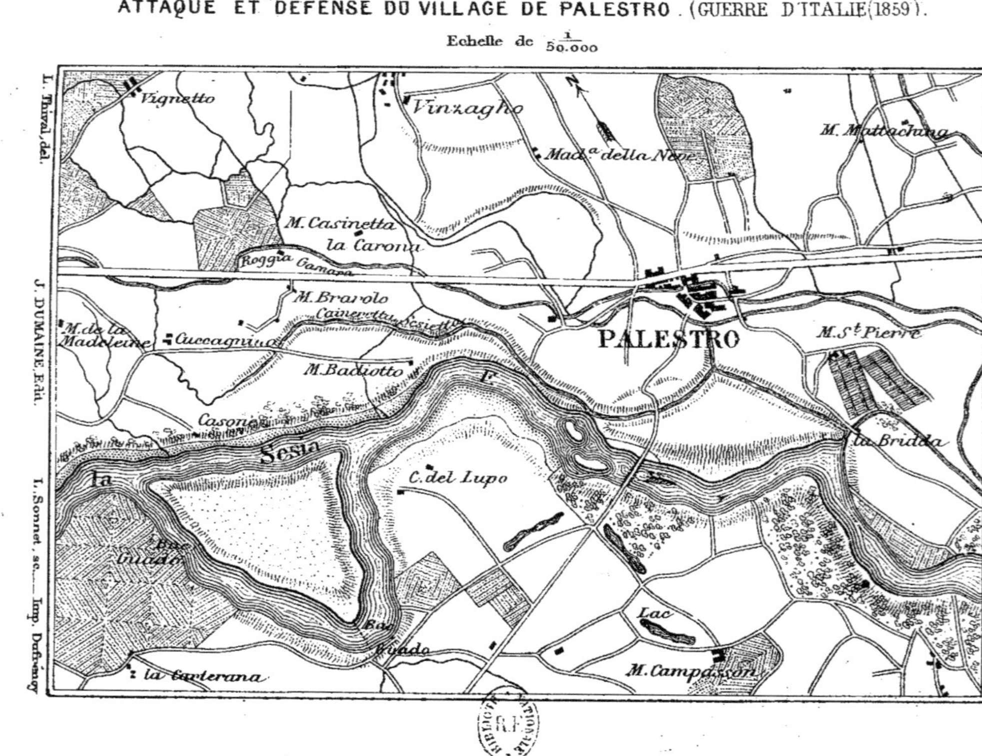

L. Thival, del. J. DUMAINE, Edit. L. Sonnet, sc. Imp. Dufrénoy

ATTAQUE ET DÉFENSE DU VILLAGE DE ROBECHETTO. (GUERRE D'ITALIE 1859).

Echelle de $\frac{1}{35.000}$

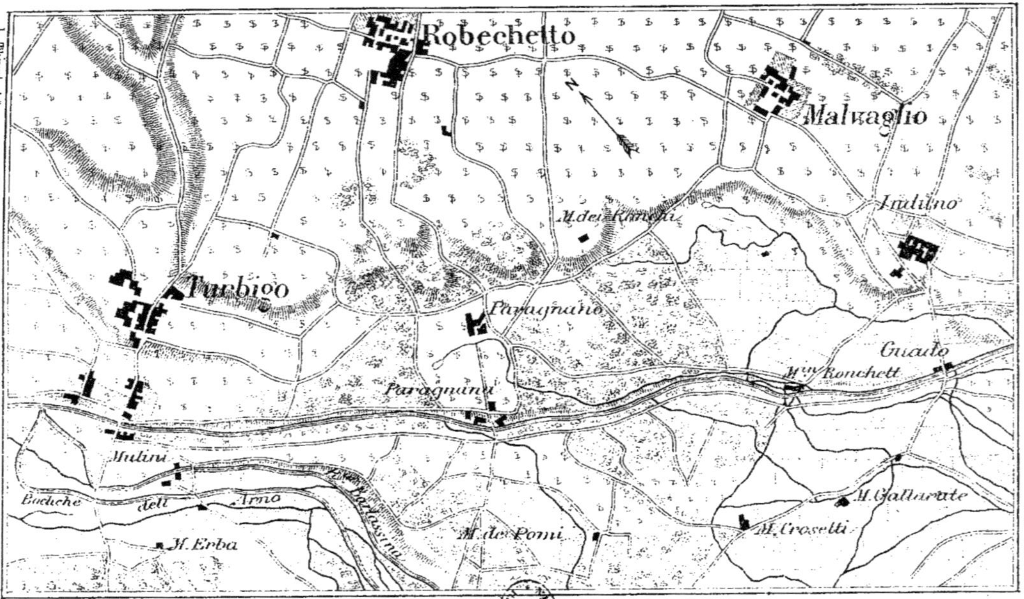

L. Thival. del. — J. DUMAINE. Edit. — L. Sonnet. sc — Imp. Dufrenoy

Pl. XXXIII

ATTAQUE ET DÉFENSE DU VILLAGE DE MAGENTA (GUERRE D'ITALIE 1859).

Echelle de $\frac{1}{25.000}$

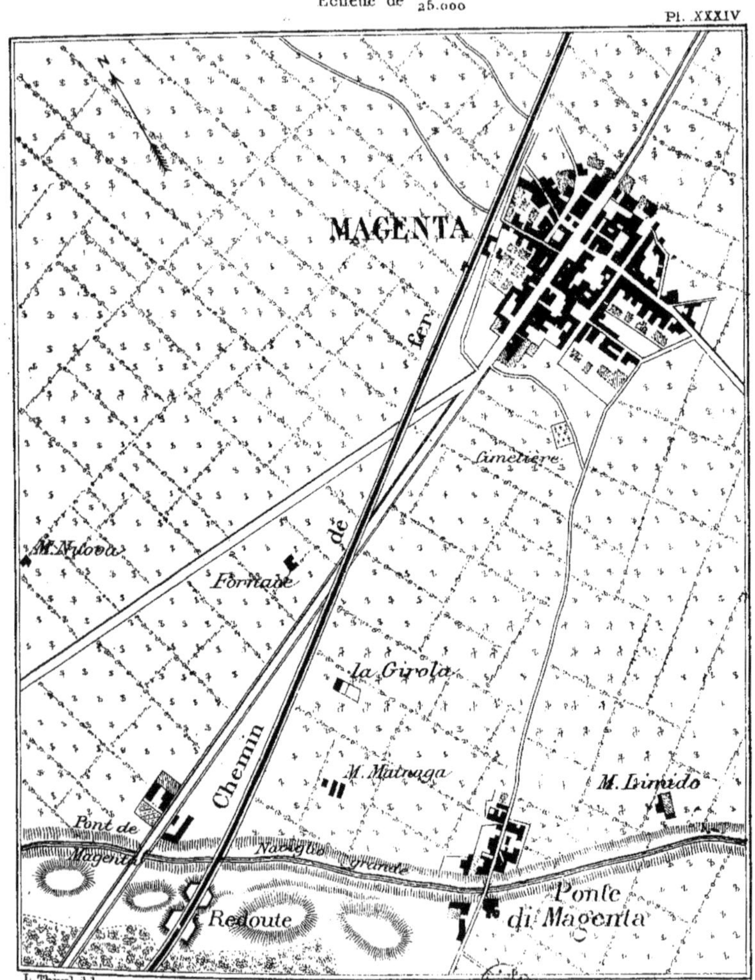

L. Thival, del. J. DUMAINE, Edit. L. Sonnet, sc. Imp. Dufrénoy.

ATTAQUE ET DÉFENSE DU VILLAGE DE MELEGNANO. (GUERRE D'ITALIE 1859).

Echelle de $\frac{1}{35.000}$

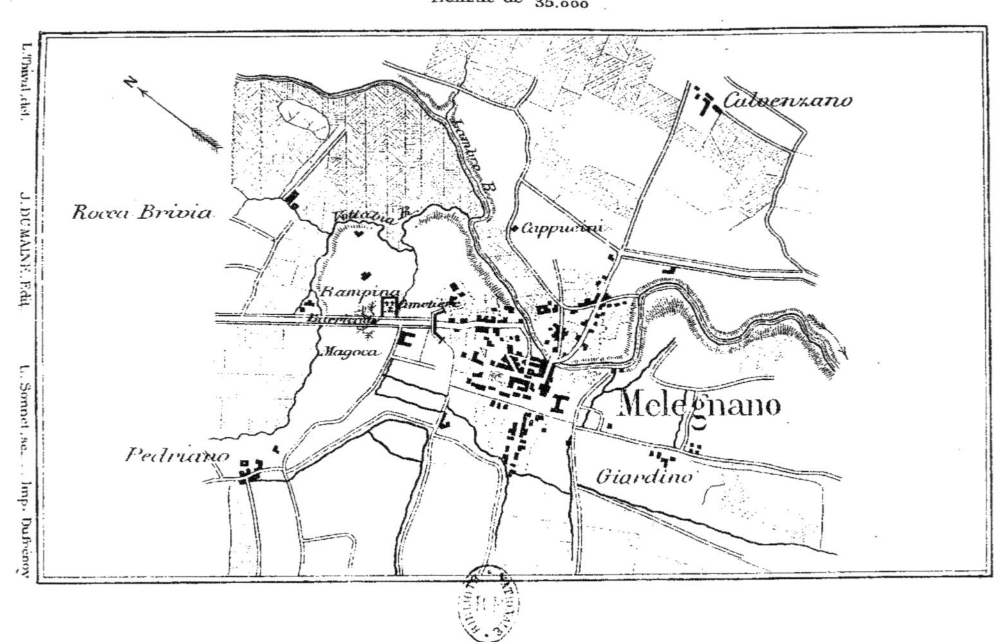

PL. XXXV

L. Thivat, del. J. DUMAINE, Edit. L. Sonnet, sc. Imp. Dufrénoy

Pl. XXXVI.

ATTAQUE ET DÉFENSE DU VILLAGE DE SOLFÉRINO. (GUERRE D'ITALIE 1859).

Echelle de $\frac{1}{20.000}$

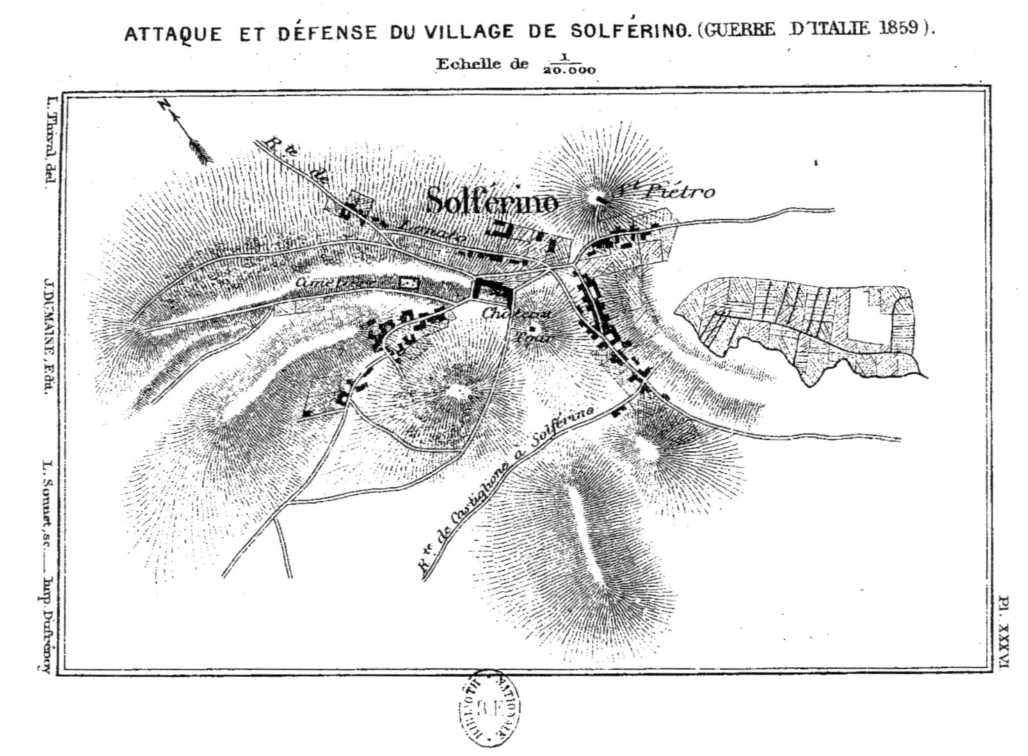

L. Thival, del. J. DUMAINE, Edit. L. Sonnet, sc. Imp. Dufrénoy

Pl. XXXVII

ATTAQUE ET DÉFENSE DU VILLAGE DE PODOL. (GUERRE DE 1866).

Echelle de $\frac{1}{25.000}$

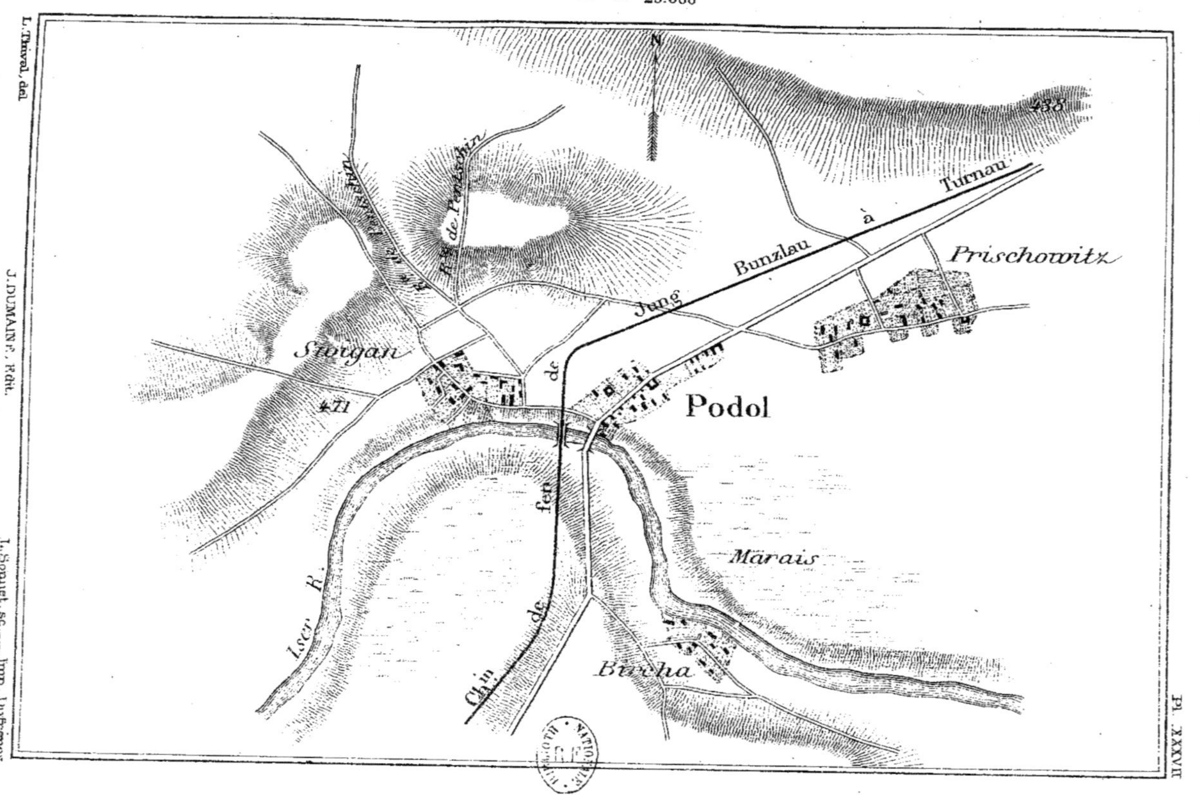

L. Thival, del. — J. DUMAINE, Edit. — L. Sonnet, sc. — Imp. Dufrénoy.

Pl. XXXVIII

ATTAQUE ET DÉFENSE DU VILLAGE DE TRAUTENAU. (GUERRE DE 1866).

Echelle de $\frac{1}{25.000}$

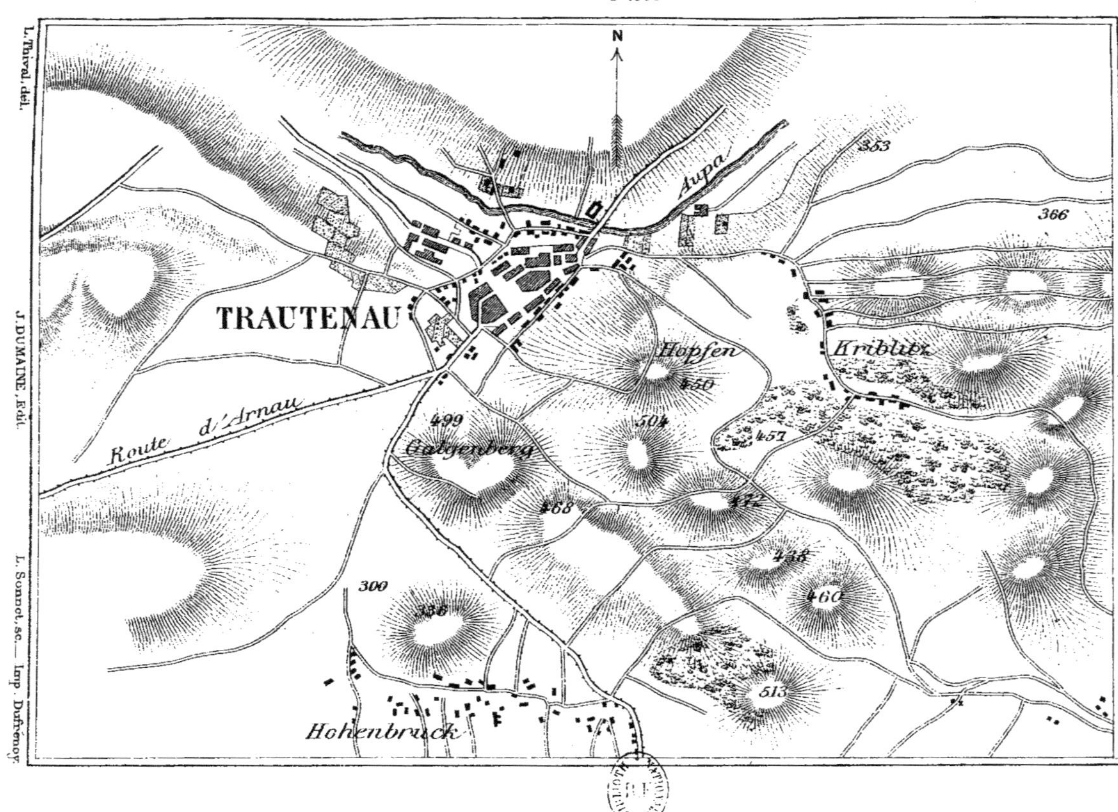

L. Thival, del. J. DUMAINE, Edit. L. Sonnet, sc. — Imp. Dufrénoy.

ATTAQUE ET DÉFENSE DU VILLAGE DE SKALITZ (GUERRE DE 1866)

Echelle au $\frac{1}{25.000}$

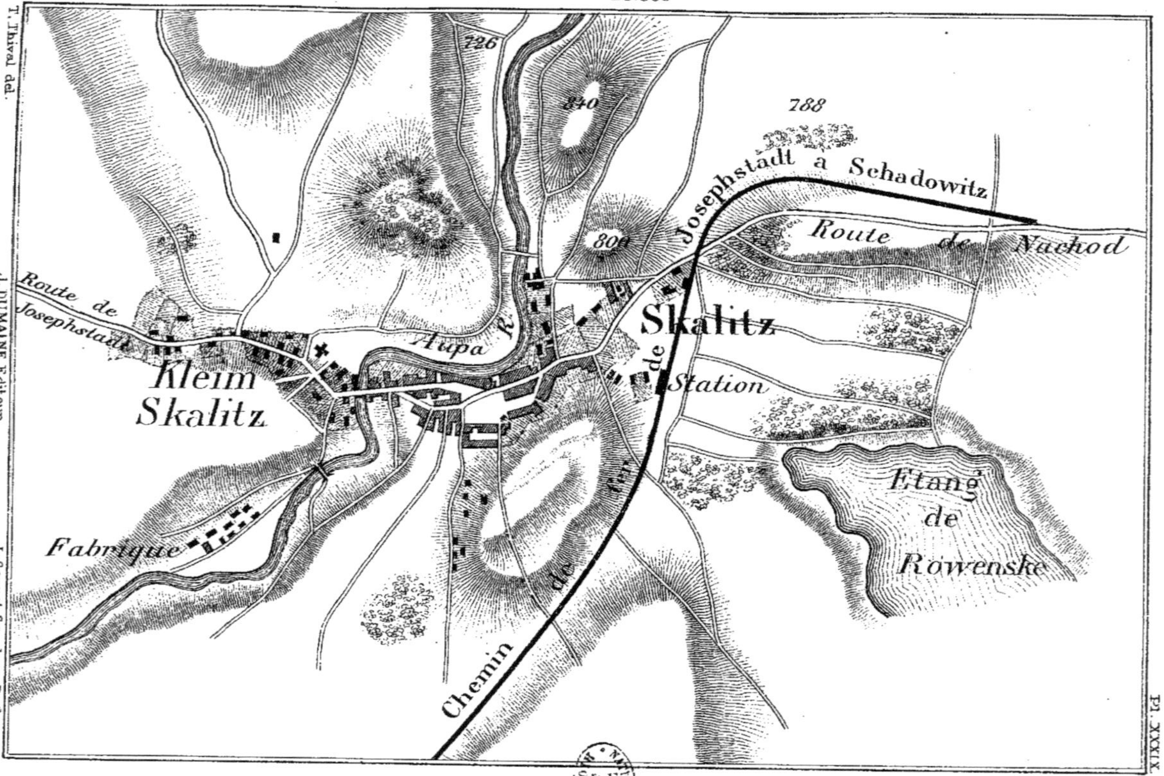

Pl. XXXIX

726
840
788
800
Josephstadt a Schadowitz
Route de Nachod
Route de Josephstadt
Aupa R.
Skalitz
Kleim Skalitz
Station de
Chemin de fer
Fabrique
Etang de Rowenske

T. Thival del. J. DUMAINE Editeur L. Sonnet Sc. Imp. Dufrenoy

ATTAQUE ET DÉFENSE DES VILLAGES À LA BATAILLE DE SADOWA (1866).

Pl. XI.

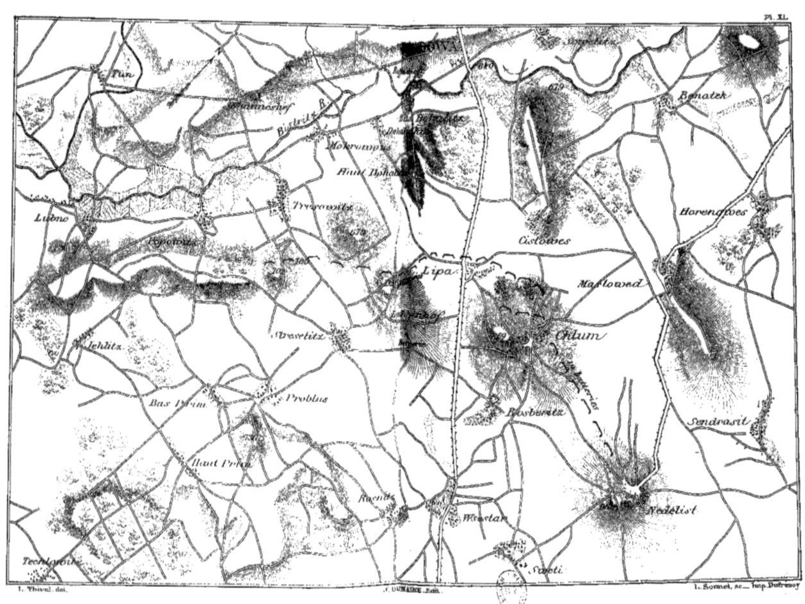

L. Thuval, del. — J. Dumaine, Édit. — L. Sonnet, sc. — Imp. Dufresnoy

7

ATTAQUE ET DÉFENSE DU CHÂTEAU DE GEISSBERG. (WISSEMBOURG 1870).

Echelle de $\frac{1}{25.000}$

Pl. XLI

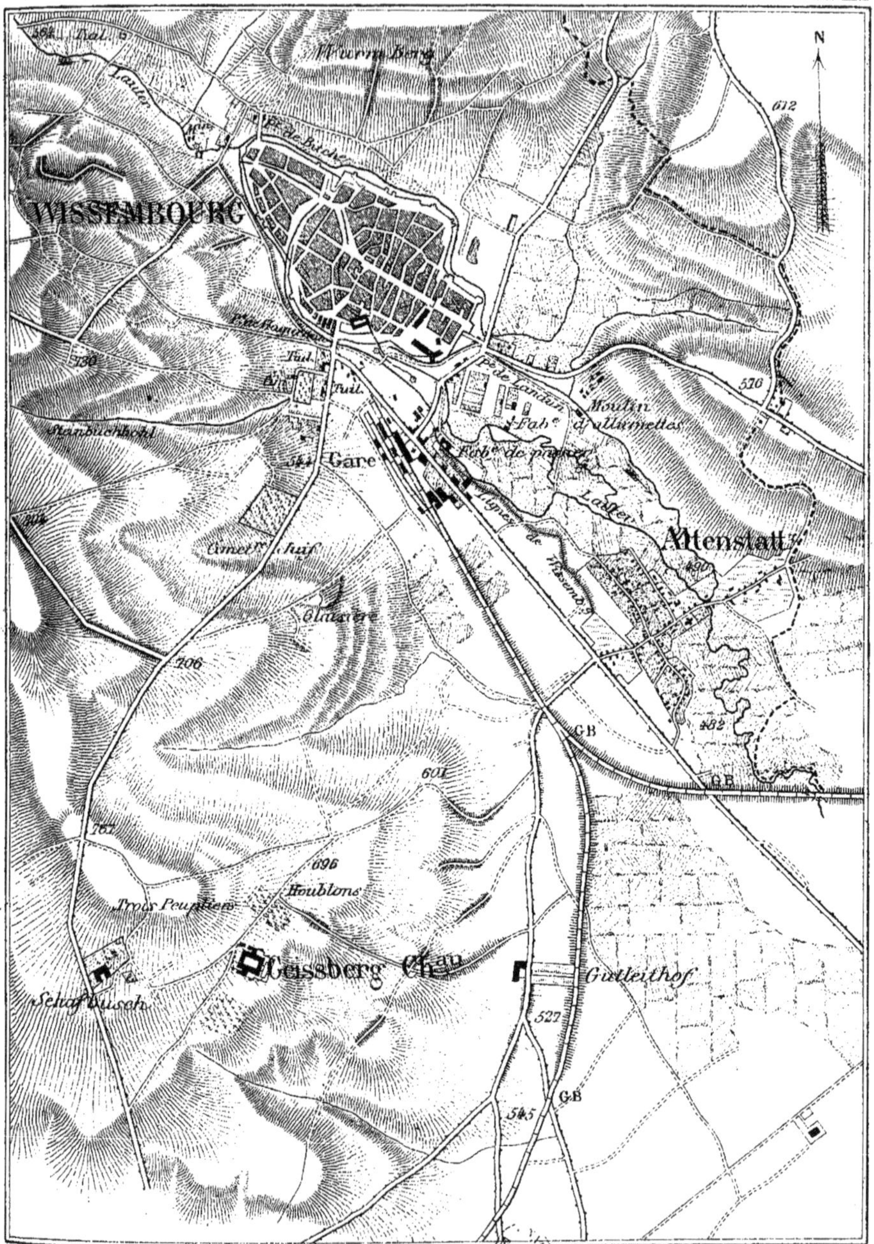

L. Thival, del. J. DUMAINE, Edit. L. Sonnet, sc. Imp. Dufrénoy.

ATTAQUE ET DÉFENSE DU HAMEAU D'ELSSASSHAUSEN ET DU VILLAGE DE FRŒSCHVILLER. (BATAILLE DE FRŒSCHVILLER 1870).

Echelle de $\frac{1}{25.000}$

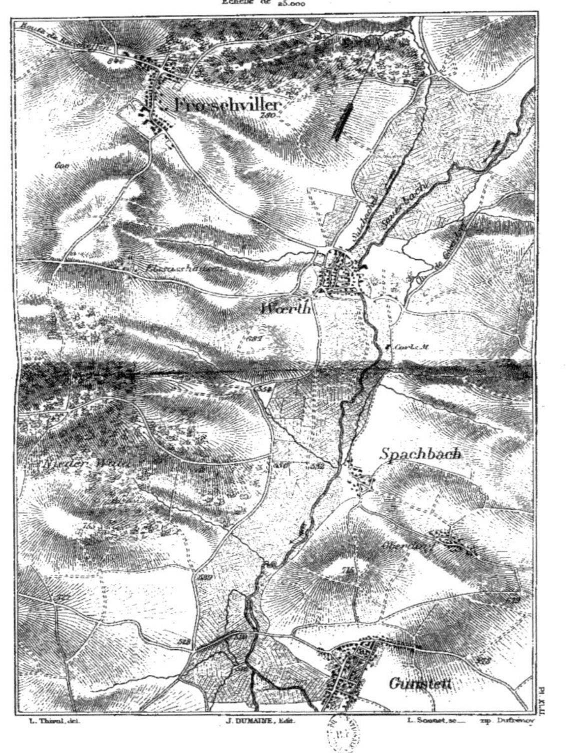

ATTAQUE ET DÉFENSE DU VILLAGE DE STIRING WENDEL

(BATAILLE DE FORBACH 1870)

Echelle de $\frac{1}{25,000}$

Pl. XLIII.

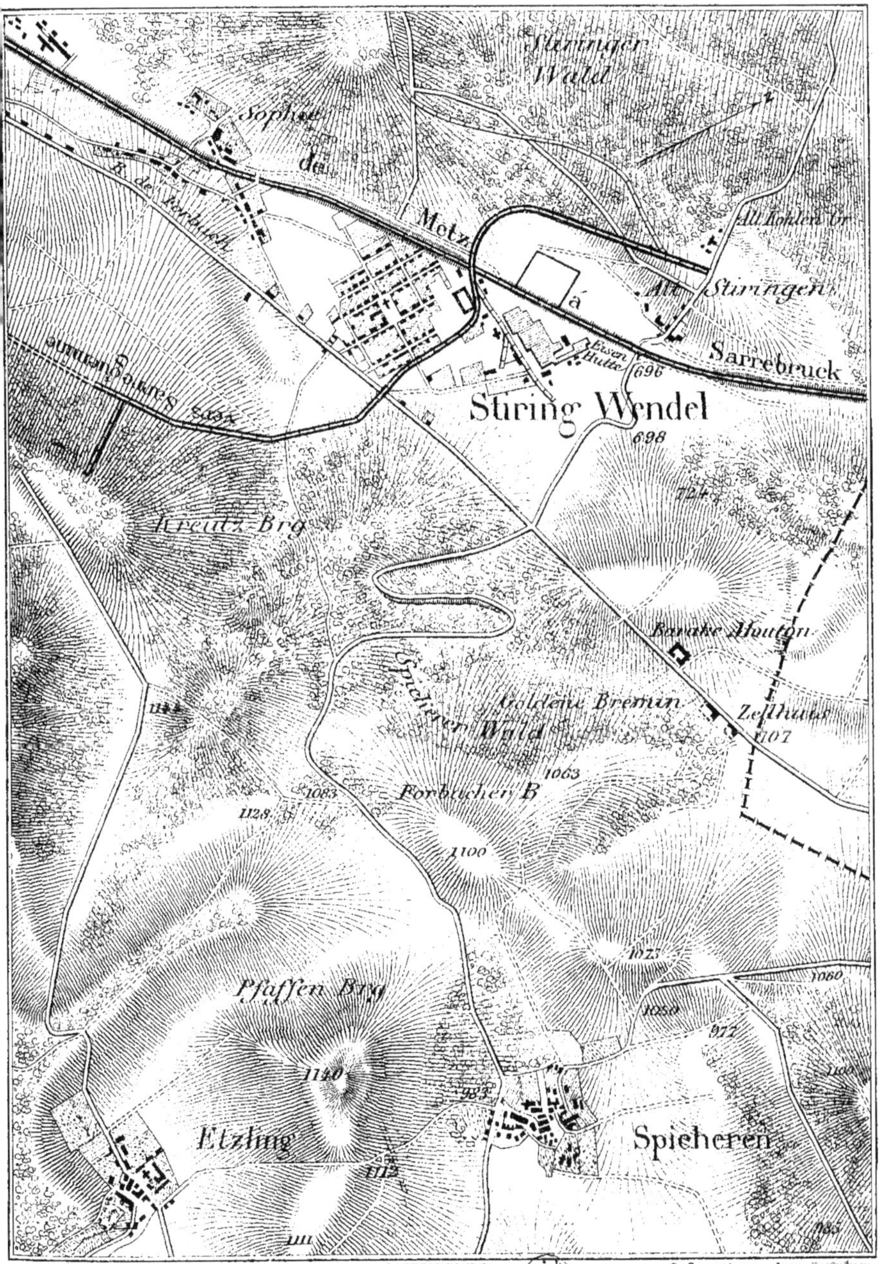

Stiringer Wald

Sophie

Metz

Alt Kohlen Gr.

Alt Stiringen

Sarrebruck

Eisen Hutte

696

Stiring Wendel

698

724

R. de Forbach

Kreutz Brg

Barake Mouton

Zollhaus

707

Spicherer Wald

Goldene Bremm

1144

1083

1063

Forbacher B.

1128

1100

1073

1060

1050

977

Pfaffen Brg

1140

983

Etzling

Spicheren

1112

1111

L. Thival, del. J. DUMAINE, Edit. L. Dumas, sc. Imp. Dufrénoy

ATTAQUE ET DÉFENSE DES FERMES A LA BATAILLE DE S^{T} PRIVAT (1870).

Echelle de $\frac{1}{25.000}$

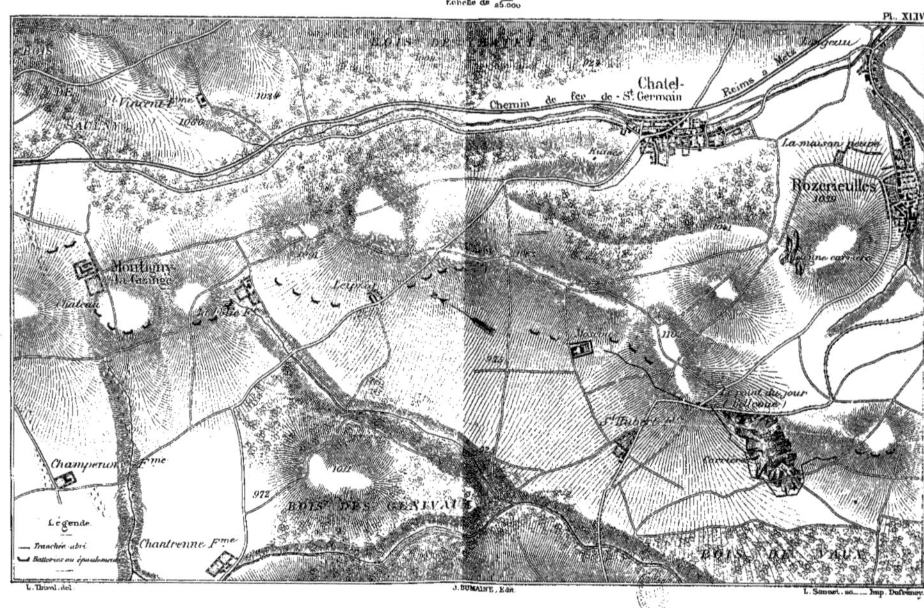

ATTAQUE ET DÉFENSE DES VILLAGES À LA BATAILLE DE St PRIVAT (1870)

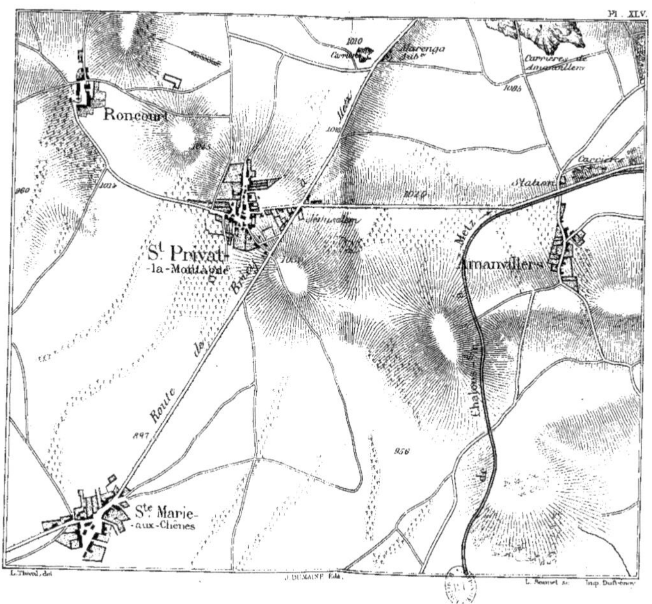

ATTAQUE ET DÉFENSE DES VILLAGES A LA BATAILLE DE NOISSEVILLE (1870).

Echelle de $\frac{1}{25.000}$

Pl. XLVI.

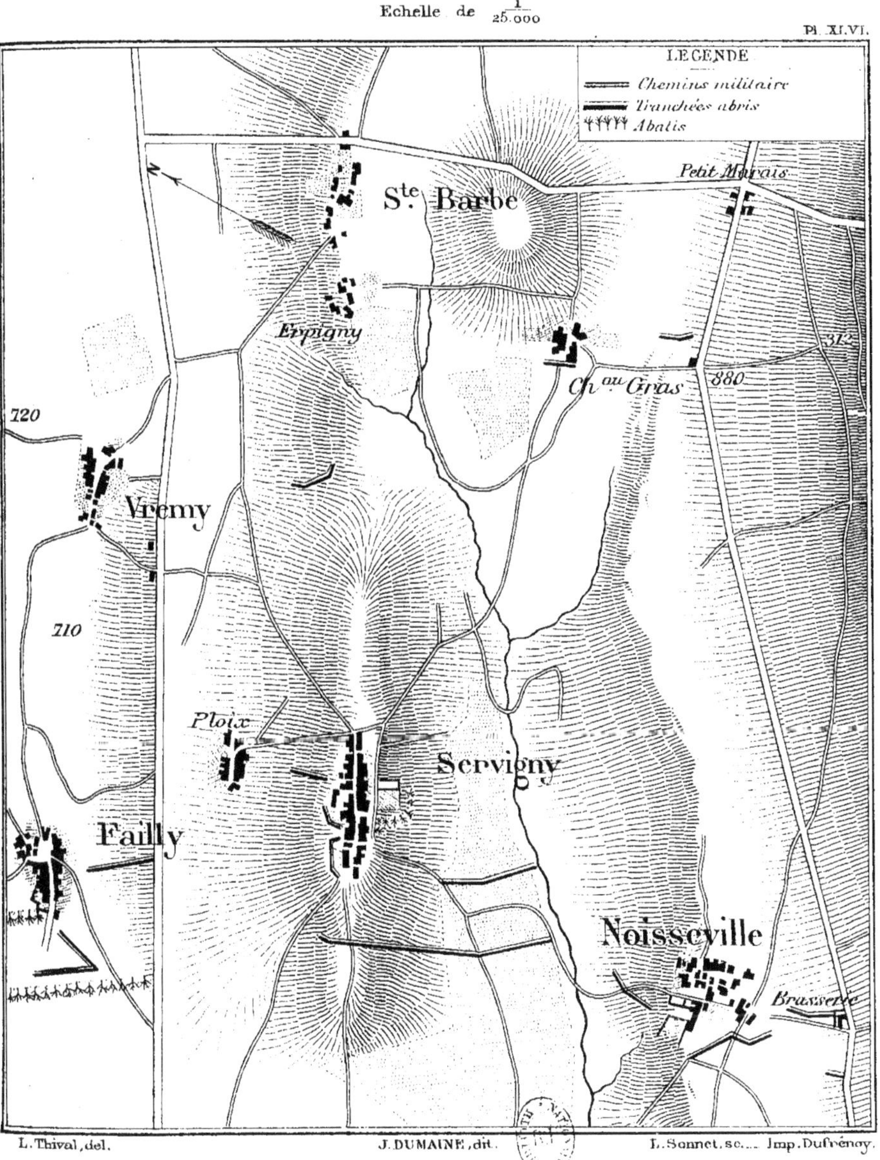

L. Thival, del. J. DUMAINE, édit. L. Sonnet, sc. Imp. Dufrénoy.

COUP DE MAIN SUR PELTRE.

Croquis de la ligne de chemin de fer et du village. (Echelle de $\frac{1}{25.000}$.)

Pl. XLVII

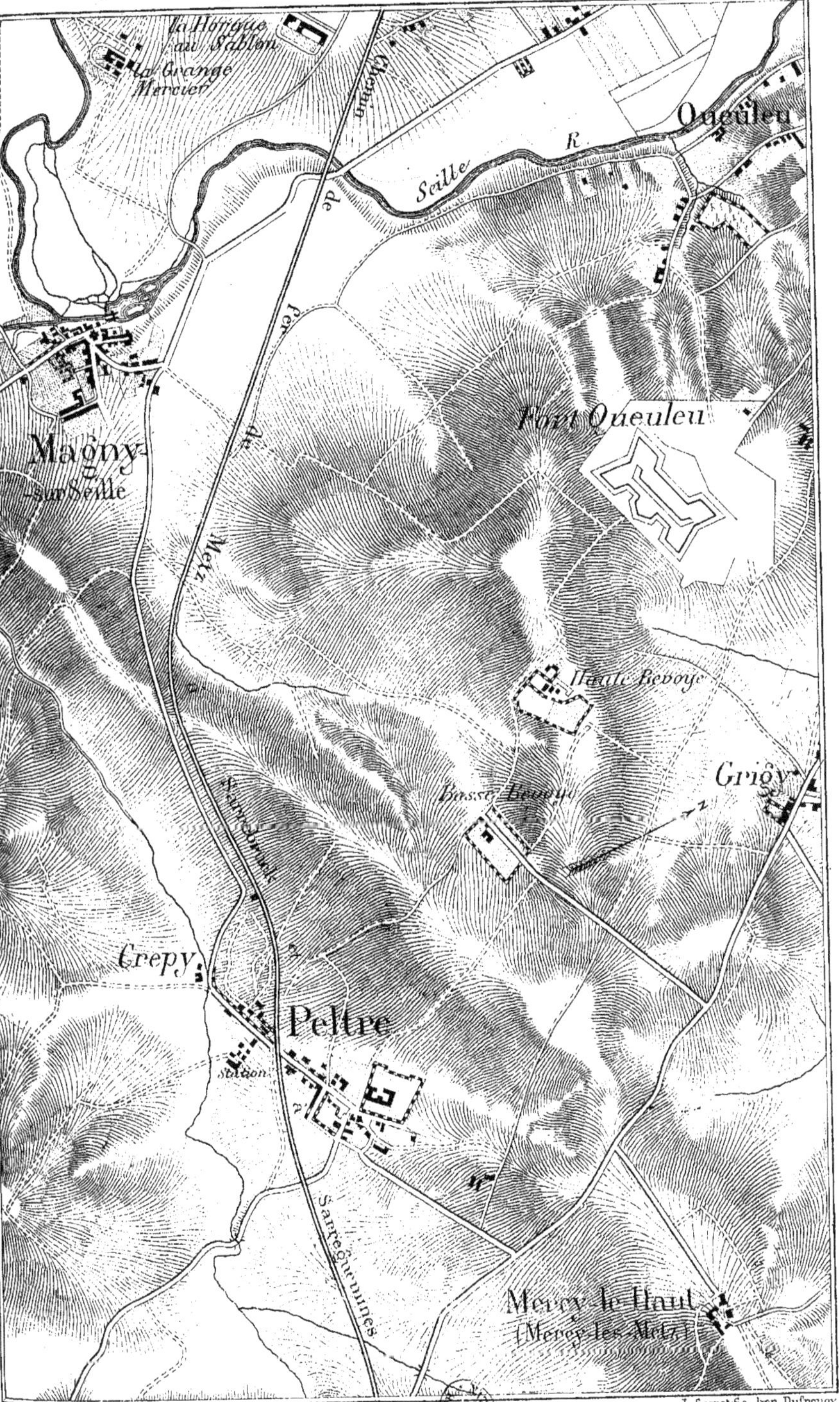

L. Thivol del. J. DUMAINE Editeur L. Sonnet Sc. Imp. Dufrenoy

ATTAQUE ET DÉFENSE DU VILLAGE DE BAZEILLES (SÉDAN 1870).

Echelle de $\frac{1}{25.000}$

Pl. XLVIII.

L. Thival, del. J. DUMAINE Edit. L. Sonnet, sc. Imp. Dufrénoy.

ATTAQUE ET DÉFENSE DE CHÂTEAUDUN. (1870).

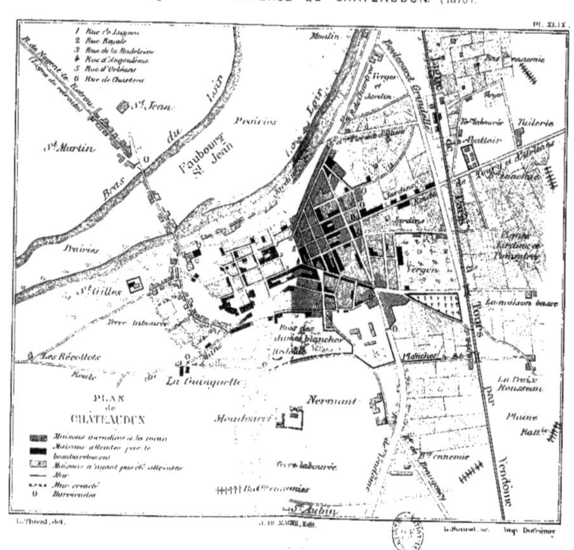

8

ATTAQUE ET DÉFENSE DES VILLAGES
A LA BATAILLE DE COULMIERS (1870).

Pl. L.

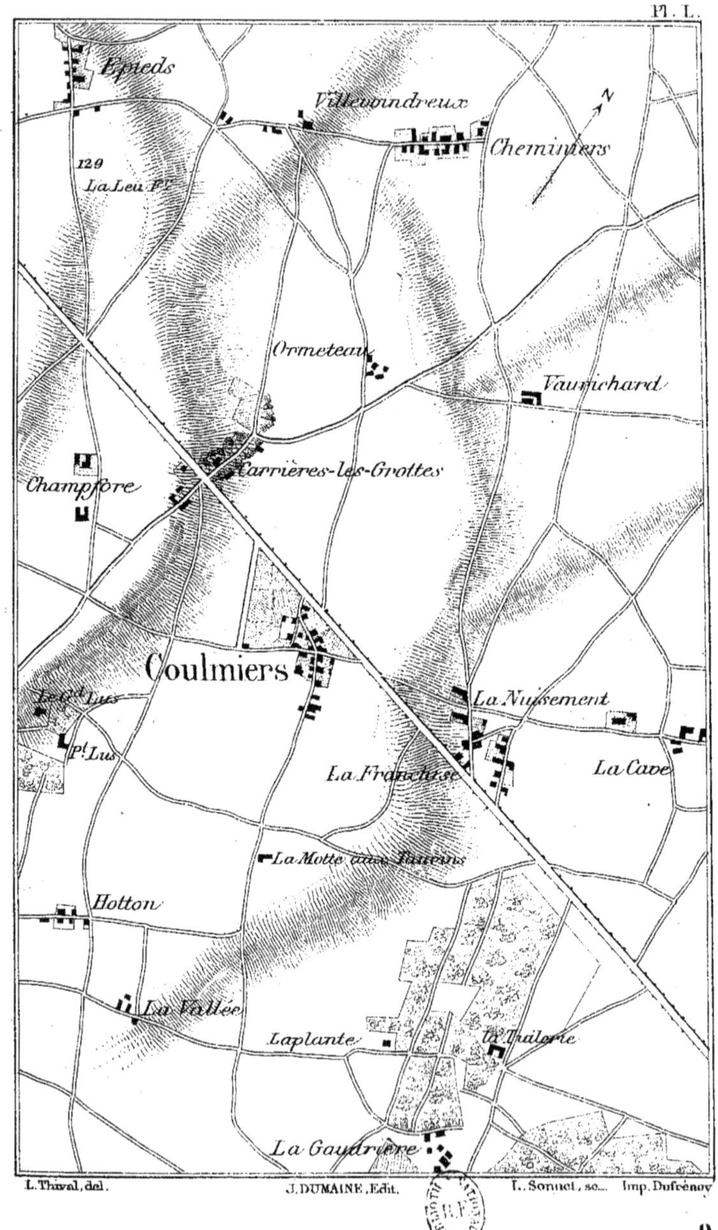

L. Thival, del. J. DUMAINE, Edit. L. Sonnet, sc. Imp. Dufrénoy

Pl. LI

ATTAQUE ET DÉFENSE DE BEAUNE-LA-ROLANDE

Echelle de $\frac{1}{40.000}$

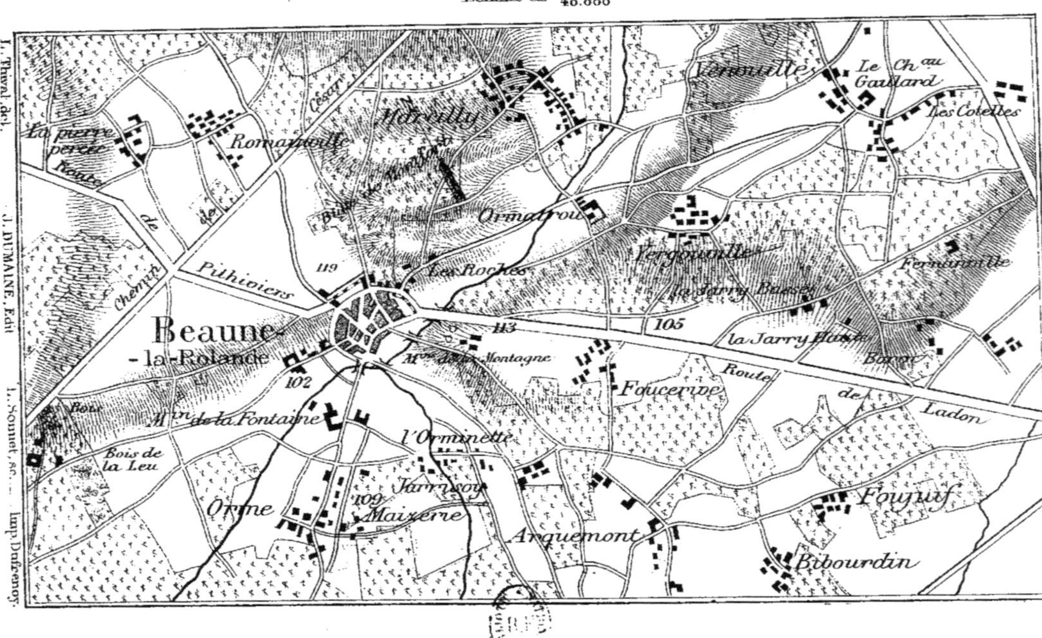

L. Thivat, del. — J. DUMAINE, Edit — L. Sonnet, sc. — Imp. Dufrenoy.

ATTAQUÉ ET DÉFENSE DES VILLAGES A LA BATAILLE DE LOIGNY

(1870)

Pl. LII.

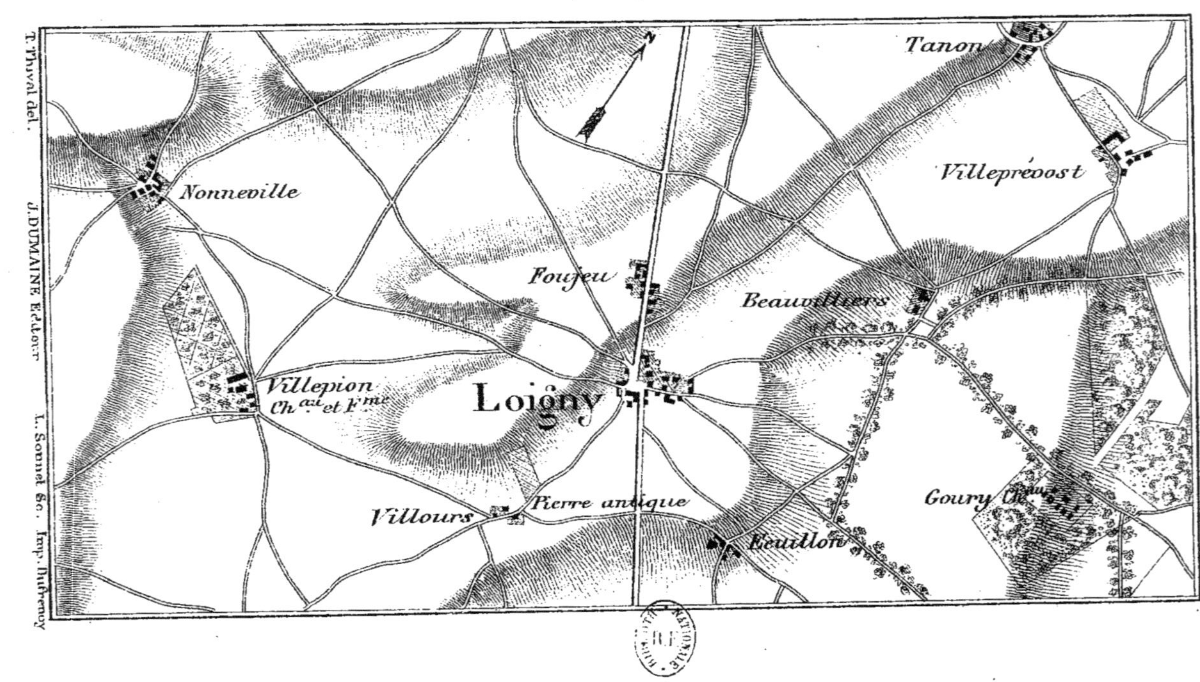

T. Thival del. J. DUMAINE Editeur L. Sonnet Sc. Imp. Dufrenoy

ATTAQUE ET DÉFENSE DES VILLAGES DE L'HAY, CHEVILLY ET THIAIS. (SIÉGE DE PARIS. 1870.)

Pl. LII.

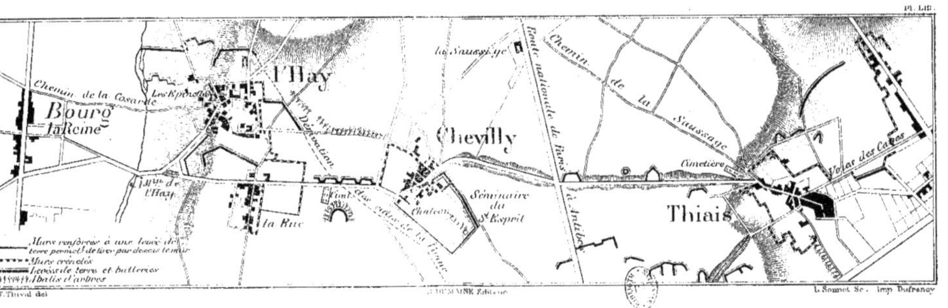

T. Thival del. L. Sonnet Sc. Imp. Dufrenoy

Pl. LIV.

ATTAQUE ET DÉFENSE DES VILLAGES DE CHATILLON ET BAGNEUX.

(SIÈGE DE PARIS 1870.)

Echelle de $\frac{1}{20.000}$.

J. DUMAINE Editeur

ENVIRONS DU BOURGET

Echelle de 12 millim. pour 1.K

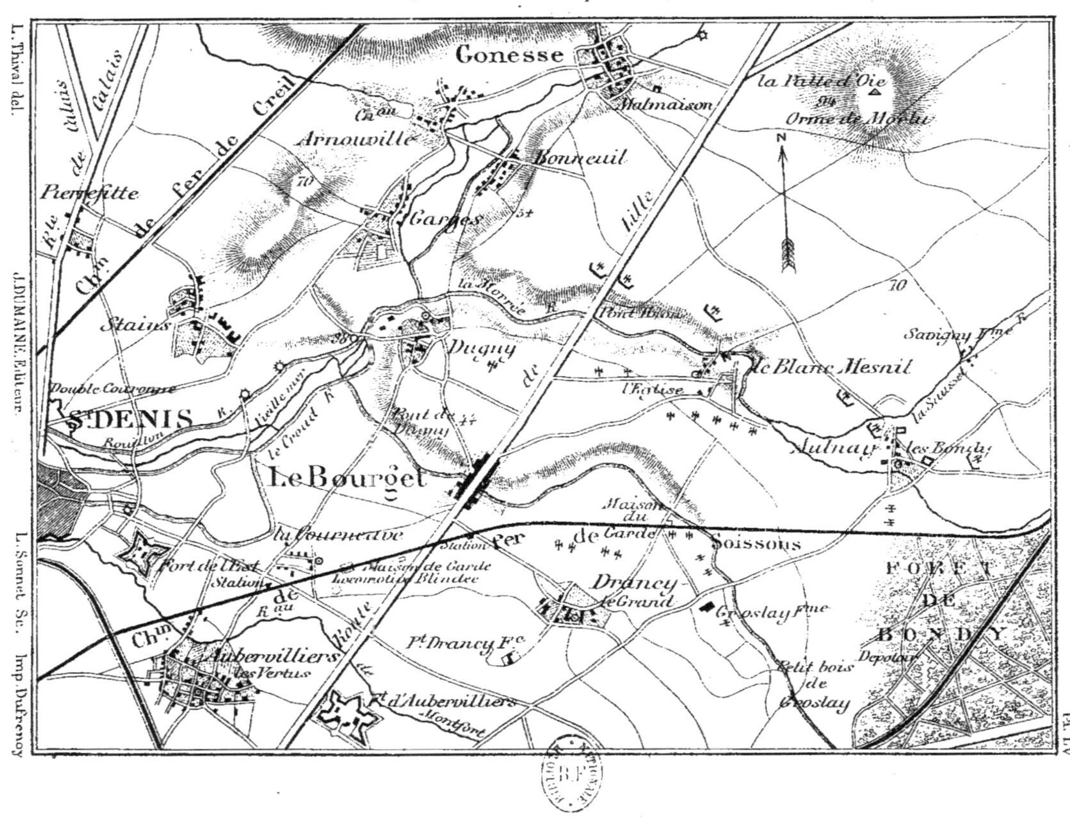

L. Thival del. J. DUMAINE, Editeur. L. Sonnet Sc. Imp. Dufrenoy

Pl. LV

PL. LVI.

ATTAQUE ET DÉFENSE DU BOURGET. (SIÈGE DE PARIS 1870)

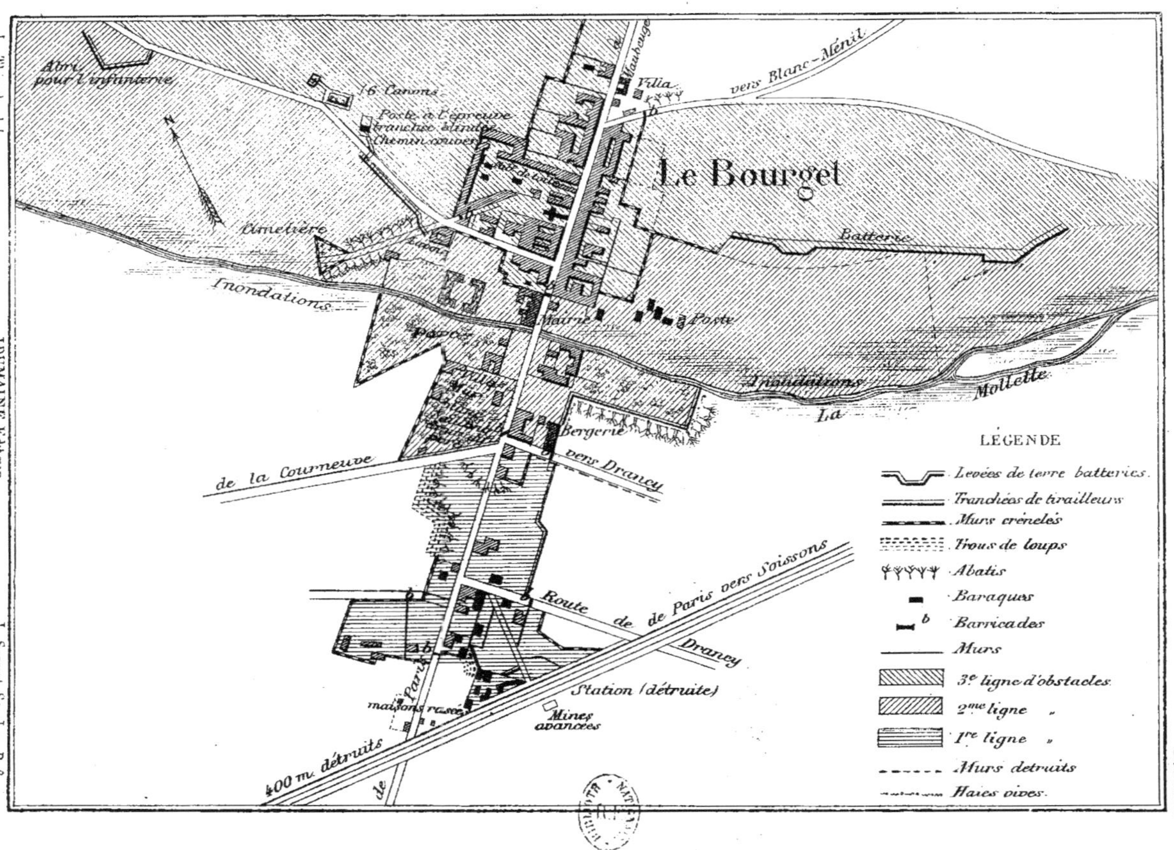

L. Thival del J.DUMAINE Editeur L. Sonnet Sc. Imp. Dufrenoy

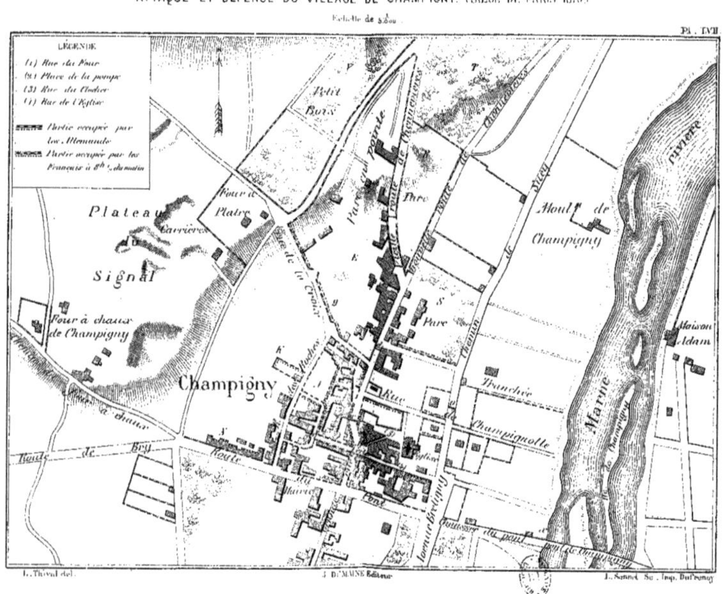
ATTAQUE ET DÉFENSE DU VILLAGE DE CHAMPIGNY. (SIÈGE DE PARIS 1870.)
Pl. LVII
LÉGENDE
(1) Rue du Four
(2) Place de la pompe
(3) Rue du Clocher
(4) Rue de l'Église
Partie occupée par les Allemands
Partie occupée par les Français à 8h ½ du matin
Petit Bois
Four à Platre
Plateau du Signal
Carrières
Four à chaux de Champigny
Champigny
Route de Bry
Parc en pointe
Parc
Moulin de Champigny
Rue Champignolle
Tranchée
Marne
Rivière
Maison Adam
Église
Chaussée du pont
L. Thival del.
J. DUMAINE Éditeur

ATTAQUE ET DÉFENSE DE VILLA-EVRARD.

(SIÉGE DE PARIS 1870.)

Echelle de $\frac{1}{40.000}$

Pl. LVIII

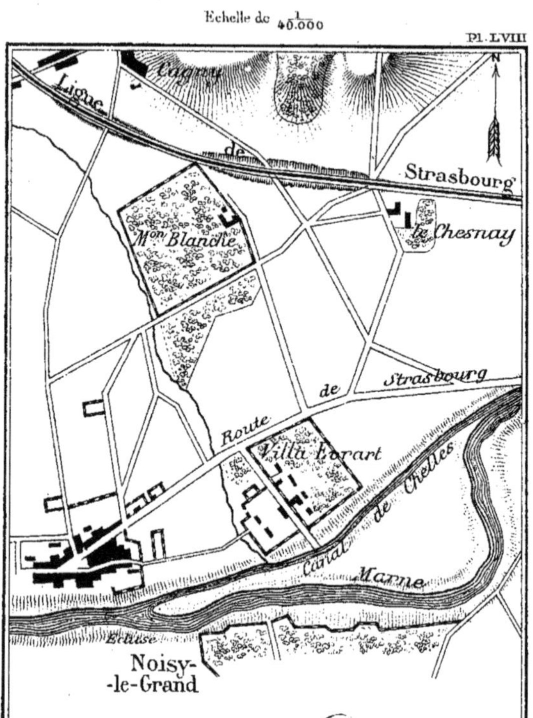

L.Thival del. J.DUMAINE Edit. L.Sonnet Sc. Imp.Dufrenoy

ATTAQUE ET DÉFENSE DU CHATEAU ET DU PARC DE BUZENVAL.

(BATAILLE DE MONTRETOUT. 1871)

Pl. LIX

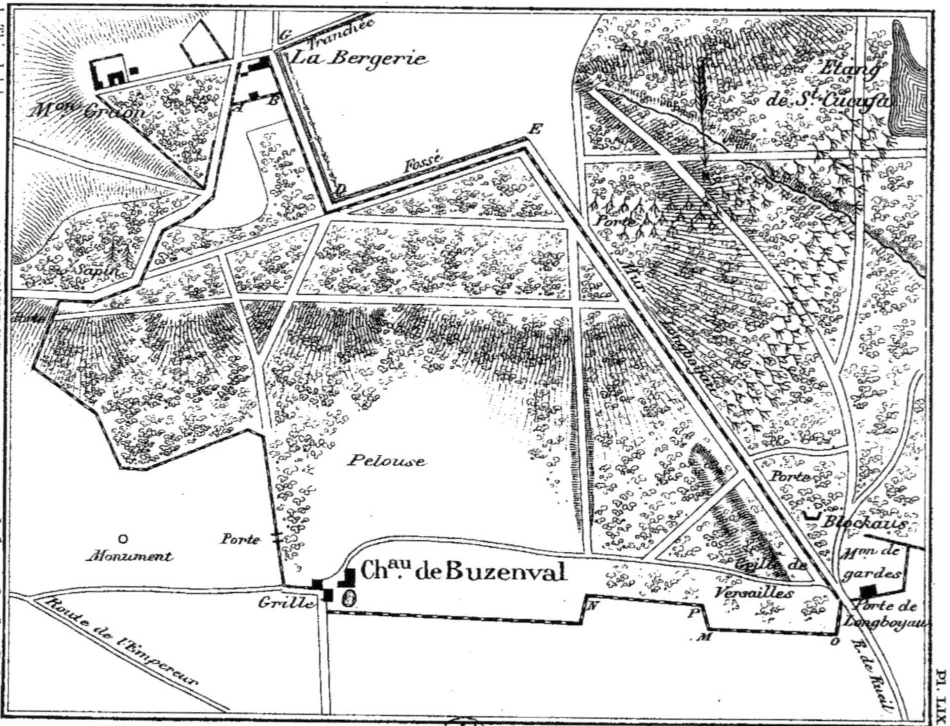

Tranchée
G
La Bergerie
Mon Craon
A
B
E
Fossé
D
Sapin
Etang de St. Cucufa
Porte
Mur Longboyau
Pelouse
Porte
Blockaus
Mon de gardes
Grille de Versailles
Porte de Longboyau
R. de Rueil
Monument
Porte
Chau. de Buzenval
Grille
N
P
M
O
Route de l'Empereur

L. Thival del. J. DUMAINE Editeur. L. Sonnet Sc. Imp. Dufrenoy

ATTAQUE ET DÉFENSE DES VILLAGES
À LA BATAILLE DE VILLERSEXEL (1871)

Pl. LX.

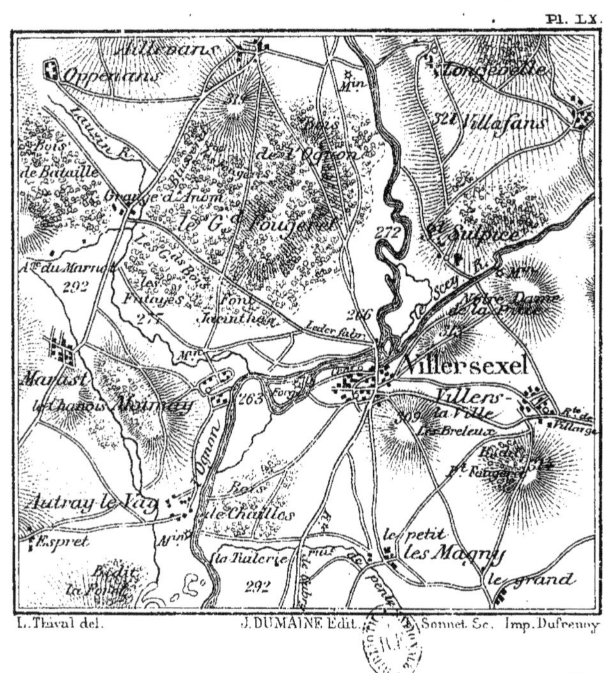

L. Thival del. J. DUMAINE Edit. Sonnet. Sc. Imp. Dufrenoy

ATTAQUE ET DÉFENSE DU VILLAGE DE VILLERSEXEL

Échelle de $\frac{1}{8.000}$

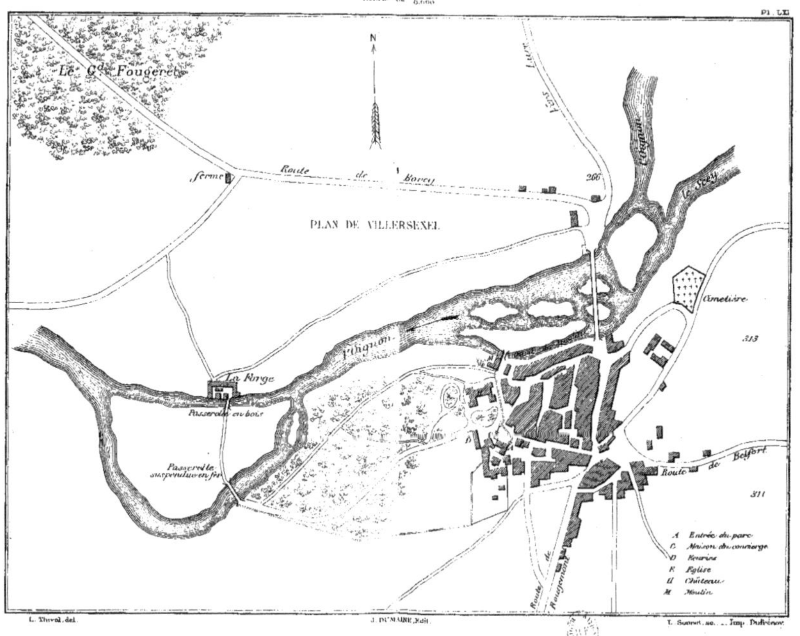

ENVIRONS DE PLEWNA JUSQU'AU DANUBE

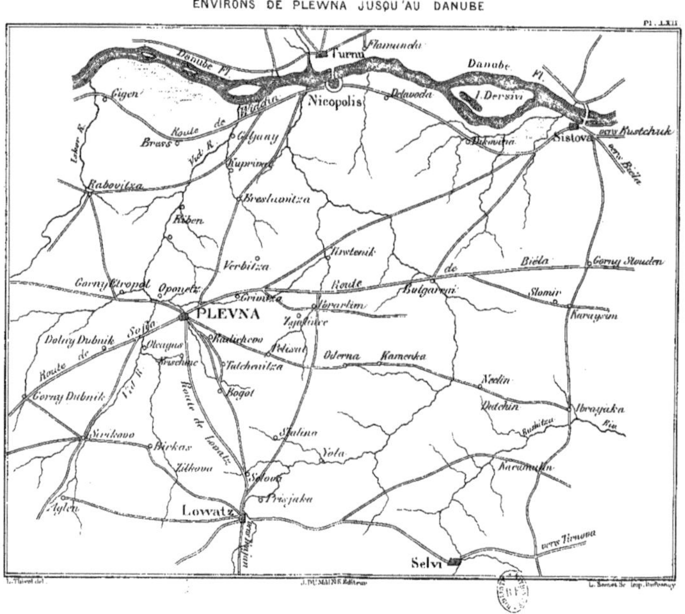

CAMP RETRANCHÉ DE PLEWNA (30 JUILLET 1878).

Echelle de $\frac{1}{125.000}$

Pl. LXIII

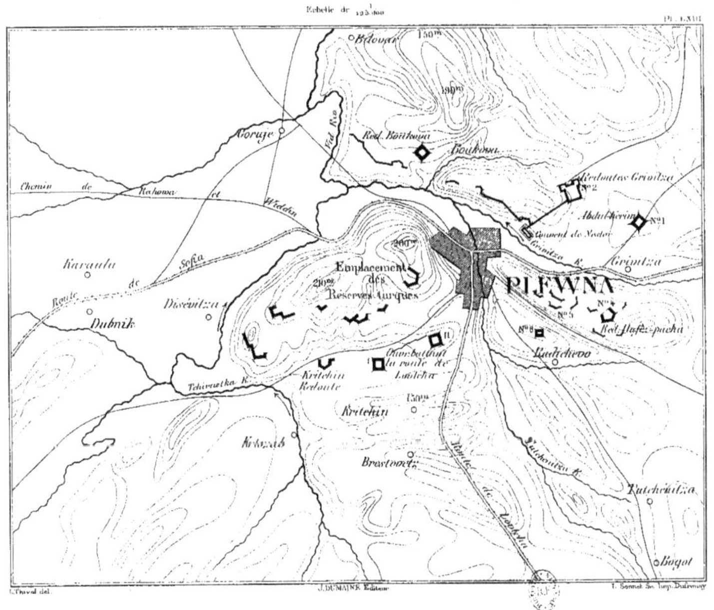

ATTAQUE ET DÉFENSE DU VILLAGE DE LOWATZ. (2 SEPTEMBRE)

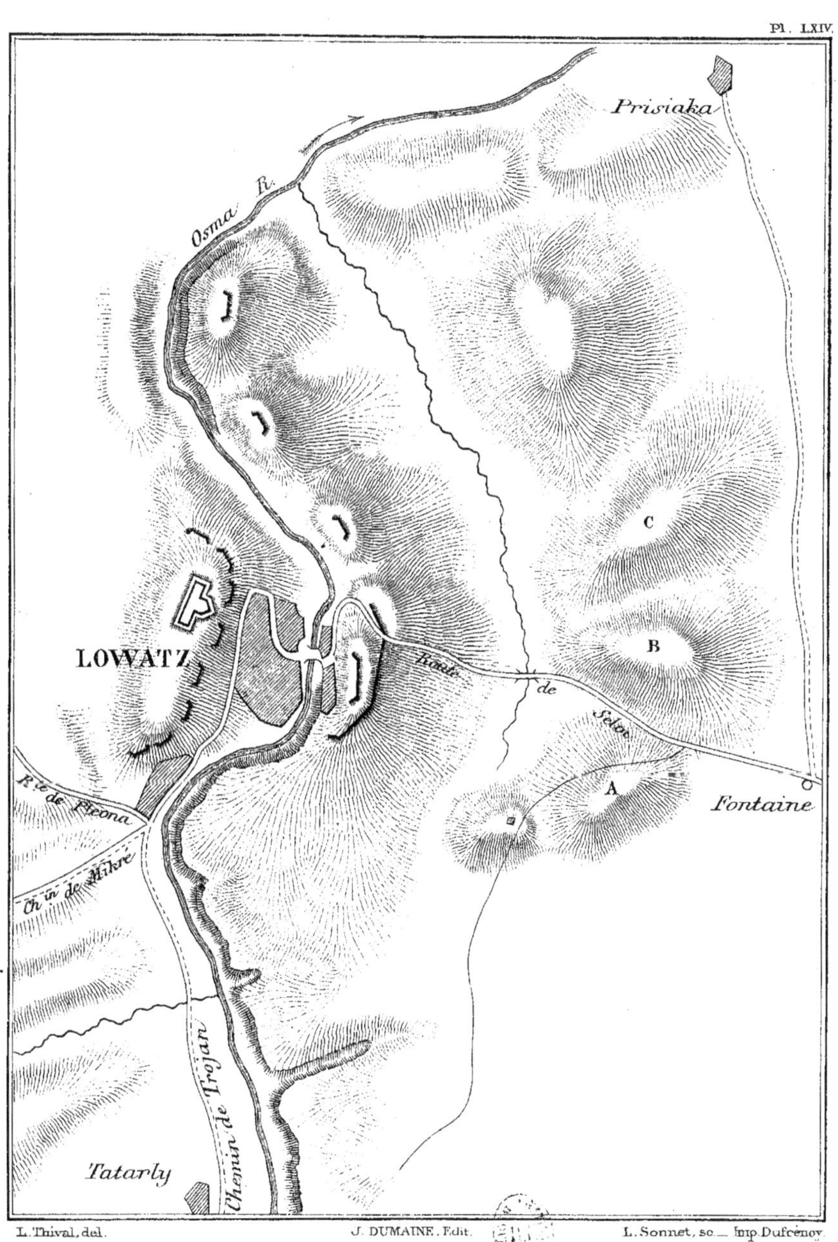

L. Thival, del. J. DUMAINE, Edit. L. Sonnet, sc.— Imp. Dufrénoy.

CROQUIS DES ENVIRONS DE BELFORT
ET VILLAGES OCCUPÉS PAR LES ALLEMANDS

Echelle de $\frac{1}{20.000}$ Pl. LXV.

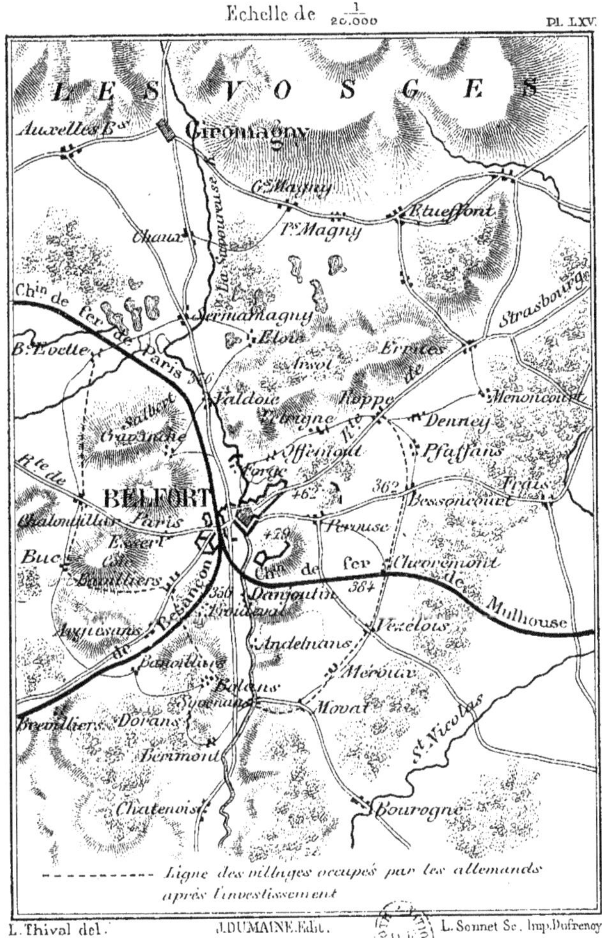

L. Thival del. J. DUMAINE, Edit. L. Sonnet Sc. Imp. Dufrenoy

ATTAQUE ET DÉFENSE DU VILLAGE DE DANJOUTIN (SIÈGE DE BELFORT)

Echelle de $\frac{1}{10.000}$

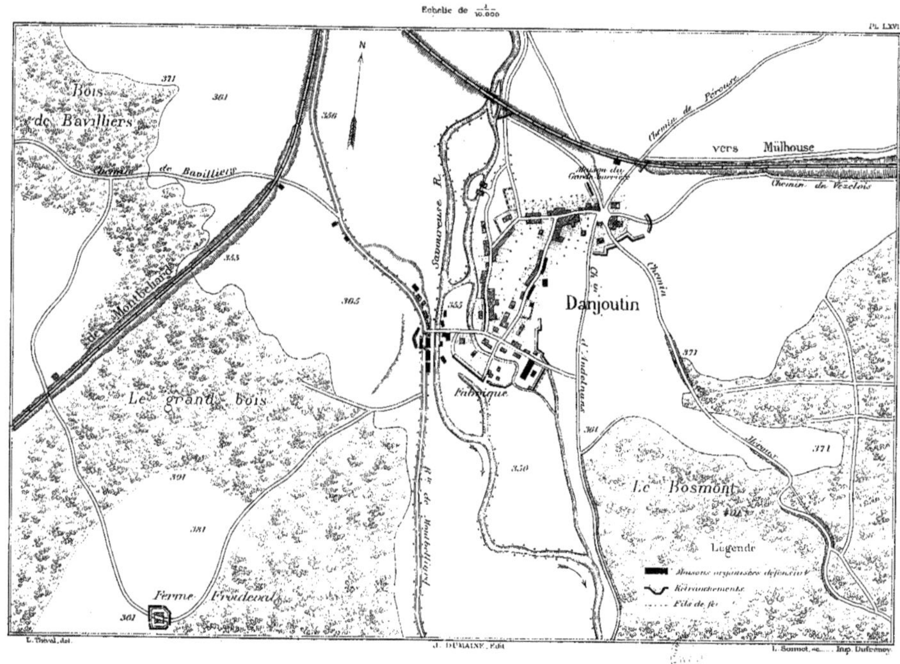

ATTAQUE ET DÉFENSE DU VILLAGE DE PÉROUSE. (SIÈGE DE BELFORT 1870-71).

Echelle de $\frac{1}{10.000}$

Pl. LXVII.

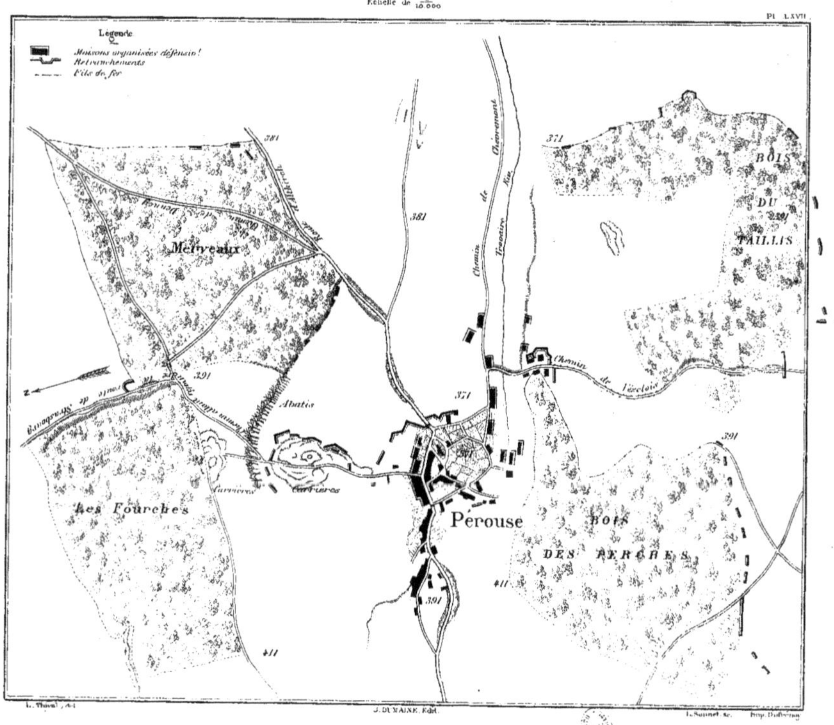

GUERRE DU CAP.

ORGANISATION DÉFENSIVE IMPROVISÉE DES BATIMENTS DE RORKES DRIFT.

(d'après le croquis du lieutenant JOHN CHARD) — Echelle de $0^m,08$ pour 100^m.

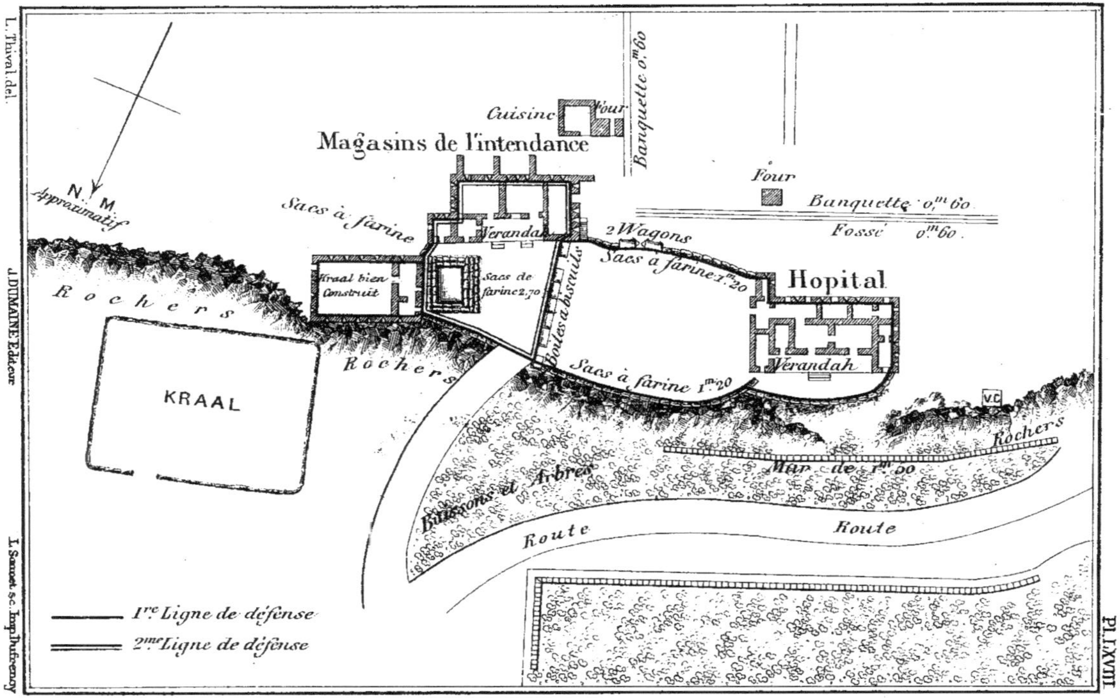

Pl. LXVIII

L. Thival. del. — J. DUMAINE Éditeur — L. Sonnet sc. Imp. Dufrenoy

GUERRE DU CAP.

MISE EN ÉTAT DE DÉFENSE DE L'ÉTABLISSEMENT DES MISSIONNAIRES À EKOWE.

(d'après les croquis des lieutenants du génie MAIN et WILLOCH de l'armée Anglaise.) .... Echelle de $\frac{1}{250}$.

Pl. LXIX

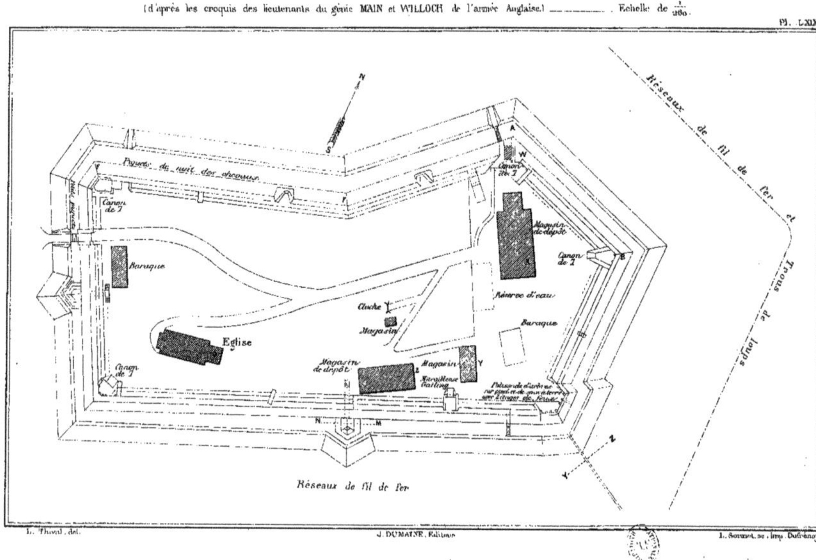

L. Thival, del. J. DUMAINE, Editeur L. Sonnet, sc. Imp. Dufrénoy

GUERRE DU CAP.

PROFILS DE L'OUVRAGE CONSTRUIT AUTOUR DE L'ETABLISSEMENT DES MISSIONNAIRES A EKOWE.

Pl. LXX

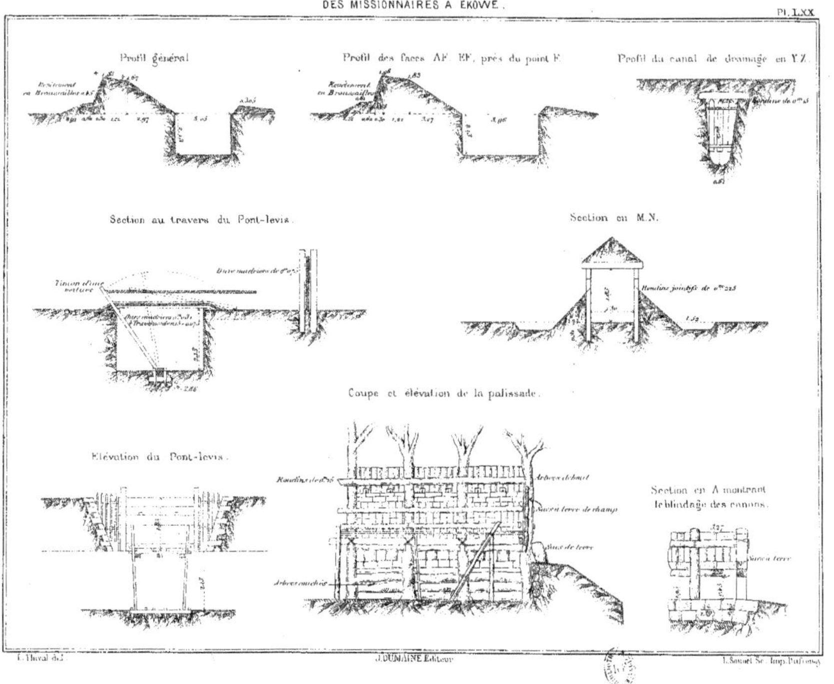

C. Duval del.   J. DUMAINE Editeur   L. Sonnet Sc. Imp. Dufrenoy

CROQUIS DE LA POSITION DE MAGDALA.

Par T. J. WILLANS, lieutenant aux Ingénieurs Royaux .... Echelle de 2 pouces au mille. $(\frac{1}{1000})$.

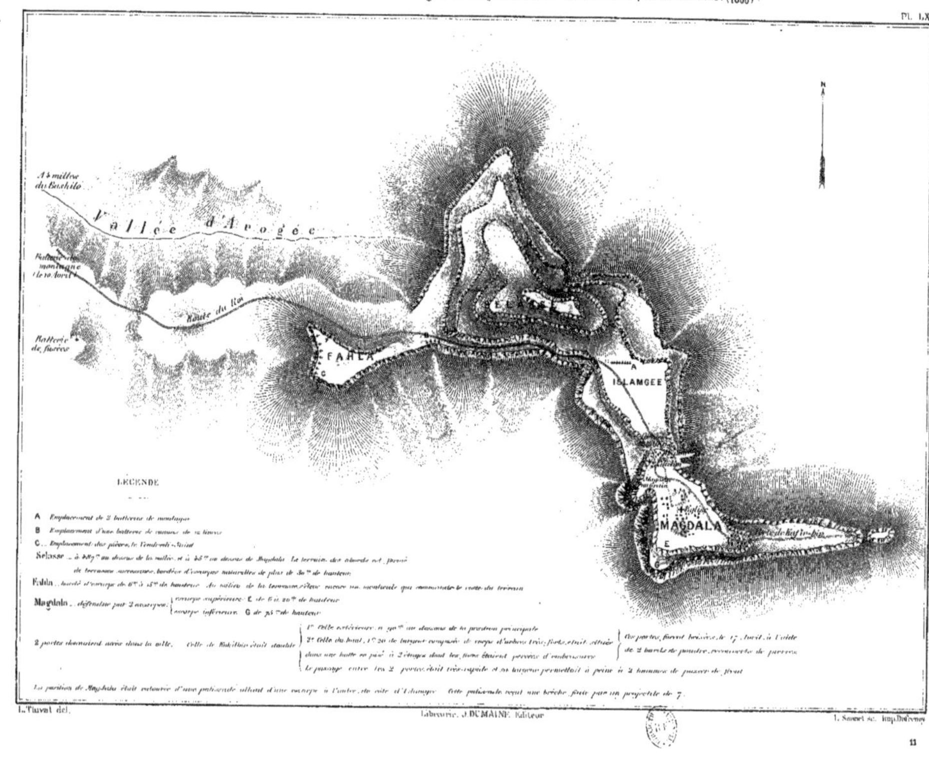

www.ingramcontent.com/pod-product-compliance
Ingram Content Group UK Ltd.
Pitfield, Milton Keynes, MK11 3LW, UK
UKHW020605180726
13838UKWH00001B/431

9 782329 456386